文津文庫

校讎學（外二種）

向宗魯著　陳曉莉點校

國家圖書館出版社

圖書在版編目(CIP)數據

校讎學(外二種)/向宗魯著,陳曉莉點校.—北京:國家圖書館出版社,2012.6

ISBN 978-7-5013-4587-8

Ⅰ.①校… Ⅱ.①向… ②陳… Ⅲ.①校勘學 Ⅳ.①G256.3

中國版本圖書館CIP數據核字(2012)第134756號

責任編輯:李燕

書名 校讎學(外二種)

著者 向宗魯著 陳曉莉點校

出版 國家圖書館出版社(原北京圖書館出版社)

(100034 北京市西城區文津街7號)

發行 010-66139745 66175620 66126153

66174391(傳真),66126156(門市部)

E-mail btsfxb@nlc.gov.cn(郵購)

Website www.nlcpress.com→投稿中心

經銷 新華書店

印刷 北京華正印刷有限公司

開本 787×1092 毫米 1/16

印張 8.75

版次 2012年6月第1版第1次印刷

印數 1—1500 册

書號 ISBN 978-7-5013-4587-8

定價 27.00 圓

點校說明

向宗魯(1895—1941)名承周,巴縣人(今重慶市巴南區),曾任四川大學教授、中文系主任。向先生是民國時期傑出的校讎學家,著有《校讎學》《〈周易疏〉校後記》《月令章句疏證敘錄》《說苑校證》等。關於向先生的生平和學術軌跡,其學生屈守元《精於校讎的學者向宗魯》(見《四川近現代文化人物》,四川人民出版社 1989 年版,278—283 頁)一文敘述頗爲詳盡,此不贅言。

《校讎學》正文用駢文寫就,文辭雅麗,又輔以精當的自注,可謂文言美辭,列於章句;委曲敘事,存於細書。其原本設計目錄十二章,即正名、原始、宗鄭、評杜、明顏、申陸、議孔、擇本上、擇本中、擇本下、取材、雜述,實際完成者六章多,即正名、原始、宗鄭、明顏、申陸、擇本上和擇本中,其餘五章未曾著筆,是一部未竟之著。雖然如此,其造詣之深,令同代驚歎,其立意之遠,使後人受益。王利器在此書序言中稱讚:"義據宏深,文章爾雅,求之古人,當在《文心》《史通》之間,蓋千餘年來無此作矣!"著名歷史學家、文獻學家張舜徽先生在其《壯議軒日記·入隴編》中說道:"閱近人向宗魯所著《校讎學》,誠不失爲學有根柢之人。余雖未從奉手,而於武昌徐行可先生處聆悉其學行甚備,故亟求得其書覽之。……《宗鄭》一篇,意思極好,所見甚正,與余不謀而同。"(《張舜徽壯議軒日記》,國家圖書館出版社 2010 年版,667—668 頁。)

《〈周易疏〉校後記》一文,是向先生 1940 年前後所作。先生當時正在編寫《校讎學》,故欲論孔、賈諸疏校勘得失,爲書中《議孔》一篇,遂先校《易疏》,成此題記。《校讎學》中《議孔》一篇尚未著筆,而此篇手稿尚存於世,真先生之幸,後學之幸! 文章曾於 1941 年發表於《華西學報》,又經屈守元先生整理,重載於《中國歷史文獻研究集刊》第三集(嶽麓書社 1983 年版,90—99 頁)。

《月令章句疏證敘録》亦是先生未完之遺著,今僅存《敘録》一篇,《疏證》部分,尚未著筆。雖是一鱗半爪,卻考證翔實,論斷準確,彌足珍貴。王利器稱讚道:"惟此稿雖僅止於敘録之部,而其抉擇是非,辨章學術,舉數千年依違不定之說而是正之,足以使辯之者怡然心服,惑之者煥然冰釋,持以語陸德明之《經典釋文敘録》,固無多讓也。"

《校讎學》和《月令章句疏證敘録》分别由先生弟子屈守元、王利器整理後,於 1944—1945 年相繼在商務印書館出版。然而時世艱難,所用紙張甚差,以至於短短數十年後,兩書俱已字跡不清,多處難以辨認。且當時《校讎學》僅略加點斷,又整理倉促,出現了一些明顯的錯誤之處。如:《申陸》篇"著《繫辭》之羡文"下自注"《易·繫辭下》"亂入正文,《擇本中》"或亦爲未定本"下注文中"此録似無庸贅述","述"誤"疏",等等。

本次點校整理,《校讎學》和《月令章句疏證敘録》用商務印書館排印本爲底本,《〈周易疏〉校後記》則用原稿本。爲了方便讀者,將三書添加了統一新式標點符號,並對原排印本的明顯錯誤做了訂正。兹將整理規則說明如下:

一、正文採用大字,自注一律使用小字,以示區别。

二、正文和自注中,原排印本的明顯錯誤徑改,不出校記。

三、先生引書,多憑記憶,故引文並非盡合所引原書,除了更正明顯文字訛誤,一仍其舊。

總之,向先生學問淵深,文采風流,旁徵博引,所涉實廣,而我等後學才疏學淺,爲廣流傳,强作整理,疏誤難免,望識者正之!

目　　錄

正名第一

昔劉向司籍，校理秘文，謂勘其上下爲校，持本相對爲讎。《文選·魏都賦》注引《風俗通》云："案劉向《別錄·讎校》：'一人讀書，校其上下，得謬誤，爲校；一人持本，一人讀書，若怨家相對，爲讎。'"是則昔人校讎之名，本以是正文字爲主。而鄭樵、章學誠之流，《通志·校讎略》及《校讎通義》之流。所謂辨章學術、考鏡源流者，特爲甲乙簿錄語其宗極，而冒尸校讎之名，翩其反矣。李紳耆《顧千里墓誌》云："鄭漁仲輯《藝文略》，始附以校讎之名，然其所言校讎之事，惟編纂類例，搜求亡書，不啻灌灌，則尚是目錄家也，不與校讎事。"彼徒見向、歆之業，著於《錄》、《略》，而不知簿錄之始，必於校讎之終。事或相資，而名不可貿。辨章學術者，校讎之餘事；是正文字者，校讎之本務也。吾國先漢舊籍，多由都水手定。應仲瑗偁劉向爲成帝典校書籍二十餘年，書竹上素，殺青繕寫。《初學記》二十八引《風俗通》云："殺青書可繕寫。謹案劉向《別錄》曰：'殺青者，直治竹帛簡書之耳。'新竹有汗，善朽蠹，凡作簡者，皆於火上炙乾之，陳楚間謂之汗。汗者，去其汗也。吳越曰殺，殺亦治也。劉向爲孝成皇帝典校書籍二十餘年，皆先書竹，爲易刊定，可繕寫者以上素也。由是言之，殺青者竹，斯爲明矣。今《東觀書》，竹素也。"惟其是正文字，精諦不苟，故緜歷歲時，未竟所業。潁叔繼作，《七略》乃奏。若以鄭章之膚言，窮校讎之能事，則類聚群分，撮其指意，期年可必，何以爲累世之業乎！昧者或以辨章學術爲難，是正文字爲易，不思洛誦譌編，逐由誤簡；尋文考義，理難偏通；空語辨章，何由質定？此韓子所由譏先王有郢書，而後世多燕說也。《外儲說左上》。若乃亥豕易淆，《呂氏春秋·察傳篇》："子夏之晉，過衛，有讀史記者，曰：'晉師三豕涉河。'子夏曰：'非也，是己亥也。'夫己與三相近，豕與亥相似，至於晉師問之，則曰：晉師己亥涉河也。"又見《家語·七十二弟子解》。午牛莫辨。唐給事中楊珍奏狀錯以崔午爲崔牛，斷笞四十，徵銅四斤。事見張鷟《龍筋鳳髓判》。案《韓策》有大成午，《漢書·人表》同，《韓子·內儲說下》作"大成牛"，亦二字易譌之例。紂紅許綠，音輾轉而多歧。《讀書雜志》四之六:"《通雅》曰:《漢書·地理志》汝南郡鮦陽,孟康曰:鮦,音紂紅反。襄四年《左傳》注:繁陽楚地,在汝南鮦陽縣。鮦,音紂。每訝其奇。《後漢書·陰興傳》汝南之鮦陽,注:鮦,音紂。《廣韻》鮦字下云:又直塚、直柳二切。此皆《地理志》注之音紂紅,而訛失其下'紅反'二字也。錢氏曉徵《漢書考異》曰:高惠高后文功臣表,敬侯劉到曾孫鮦陽公乘咸。師古曰:鮦,音紂。按鮦從魚同聲,不得有紂音。《地理志》鮦陽,孟康曰:鮦,音紂紅反,正合同聲,俗儒不通翻切,妄謂鮦有紂音,大可怪也。引之曰:孟康但音鮦爲紂,紂下紅反二字,乃後人妄加之也,請列七證以明之,《玉篇》:鮦,直壟切,又直久切。直久正切紂字,而獨无紂紅之音,若孟康音紂紅反,則自魏以來相承之音,不應闕略;今《玉篇》有直久而無紂紅,則孟康音紂可知,其證一也。《廣韻》平聲一東:鮦,徒紅切,引《爾雅》:鰹,大鮦;上聲二腫:鮦,直隴切,魚名;皆未引鮦陽縣。至四十四有:鮦,除柳切。始云鮦陽縣在汝南。《集韻》《類篇》,並與《廣韻》同。則是《地理志》之鮦陽,孟康但音紂,其證二也。顔師古注《高紀》曰:鮦陽音紂,蓮勺音酌,當时所呼,别有意義,岂得即定其字以爲正音乎?然則鮦陽音紂,師古方不解其意,則其爲孟康之音,而非師古所創甚明,其證三也。《後漢書·陰興傳》:汝南之有鮦陽、《吳祐傳》鮦陽侯相,李賢注並曰:鮦,音紂。《晉書·地理志》:汝陰郡鮦陽,何超音義曰:鮦,音紂。若孟康音紂紅反,而師古音紂,二子不應舍自古相承之音,而從近代一人之臆見。即不以音紂爲非,亦當兼存紂紅之音,而紂外更無他音,則孟康與師古並音紂,其證四也。《太平御覽·州郡部》河南道,引《漢志》:鮦陽屬汝南郡,鮦,音紂。此是引孟康之音,非引師古之音,而紂下亦無'紅反'二字,其證五也。襄四年《左傳釋文》曰:鮦陽,孟康音紂,直九反。若孟康音紂紅反,釋文何得言孟康音紂,直九反,其證六也。又考景祐本、汪本《地理志》:鮦音紂,下原無'紅反'二字。則此二字之妄加,實自明監本始,其證七也(汲古閣本亦無'紅反'二字,蓋從舊本也)。說者皆謂鮦從同聲,不當音紂,不知紂字古音在幽部,同字古音在東部,東部多與幽部相通。如《大戴禮·勸學篇》以從由爲韻,《楚辭·天問》以龍遊爲韻;又《齊風·南山篇》衡從其畝,《韓詩》從作由;《昭五年左傳》吳子使其弟蹶由犒師,《韓子·說林篇》由作融;《說文》東北曰融風,《易·通卦驗》融作調(見《隱五年左傳正義》),調從周聲,古讀若稠。而《小雅·車攻篇》、《楚辭·離騷》、《七諫》、《韓子·揚搉篇》,並以同與調韻,銅從同聲。而《史記·衛青傳》大當戶銅離,徐廣曰:一作稠離。《漢書》作調雖。同與調稠同聲,則與紂聲相近,故鮦從同聲,而亦讀如紂(《說文》:鮦,謂若絝襱。襱從衣龍聲,或作襩,從衣賣聲。賣字古音在幽部,龍字古音在東部,則襱字即是東幽兩通之字,鮦讀若襱,固宜其轉入幽韻,而音紛矣)。《洪範》曰:雺之雺,音武工反,而其字以矛爲聲;尻字以九爲聲,而《呂氏春秋·觀表篇》注：讀如穹窮之穹，此諧幽部之聲而讀入東部也。牢字古讀若留，而《説文》從冬省聲；獶狃字從狃聲，古讀與狃近，而《齊風》遭我乎狃之間兮，《漢書·地理志》引作嶩，其字以農爲聲，此諧東部之聲而讀入幽部也。又何疑於銅之音紂乎？○《顔氏家訓·勉學篇》云："元氏之世，在洛京時，有一才學重臣，新得《史記音》，而頗紕謬，誤反'顓頊'字，頊當爲許緑反，錯作許緣反，遂謂朝士言：'從來謬音"專旭"，當音"專翾"耳。'此人先有高名，翕然信行，期年之後，更有碩儒，苦相究討，方知誤焉。"銀瑣金根，形依稀而每誤。《顔氏家訓·文章篇》云："《後漢書》：'囚司徒崔烈以鋃鐺瑣。'鋃鐺，大瑣也；世間多誤作金銀字。武烈太子亦是數千卷學士，嘗作詩曰：'銀瑣三公腳，刀擅僕射頭。'爲俗所誤。"○劉賓客《嘉話録》、《尚書故實》俱載韓昶改史傳中金根車爲金銀車事；張湨《雲谷雜記》謂韓昶退之之子，兒時即以詩動孟郊，郊集有"喜符郎詩有天縱"之篇，後登長慶四年進士第。韋絢爲執誼之子，多詆退之，李綽之説蓋本於絢，皆不足信。俞正燮《癸巳存稿》卷十二辨之曰："《玉泉子》云：'集賢校理韓昶除拾遺，諫院不受，其時自有公論。'昶所自作墓誌銘云：'字有之，小字符，從張籍學詩，樊宗師學文，不能闇記書。'則昶學自空疏，金銀塗改，事或有之。"遂使承學之士，佔學乖方；濡豪之英，臨文亂輒。馴至酒稱桐馬，《顔氏家訓·勉學篇》："《禮樂志》云：'給太官挏馬酒。'李奇注：'以馬乳爲酒也，撞挏乃成。'二字並從手。撞挏，此謂撞擣挺挏之，今爲酪酒亦然。向學士又以爲種桐時，太官釀馬酒乃熟。其孤陋遂至於此。"○挏馬官號，非酒名，説見王觀國《學林》三。羊號蹲鴟。《顔氏家訓·勉學篇》云："江南有一權貴，讀誤本《蜀都賦》注，解'蹲鴟，芋也。'乃爲羊字；人饋羊肉，答書云：'損惠蹲鴟。'舉朝驚駭，不解事義，久後尋迹，方知如此。"昭子更名，《唐摭言》卷五云："大居守李相讀《春秋》，誤呼叔孫婼（敕略）爲婼（敕晷）。日讀一卷，有小吏侍側，常有不懌之色。公怪問焉，曰：'爾常讀此書邪？'曰：'然。'曰：'胡爲聞我讀至此而數色沮邪？'吏再拜言曰：'緣某師授誤呼文字，今聞相公呼婼（敕略）爲婼（敕晷），方悟耳。'公曰：'不然。吾未之師也，自檢釋文而讀，必誤在我，非在爾也。'因以釋文示之（蓋書'略'字以'田'加首，久而成'日'，配'咎'爲'晷'）。小吏因委曲言之。公大慚愧，命小吏受北面之禮，號爲一字師。"令升革姓。《鶴林玉露》卷三云："楊誠齋在館中，與同舍談及晉于寶。一吏進曰：'乃干寶，非于也。'問何以知之。吏取韻書以呈，'干'字下注云：晉有干寶。誠齋大喜，汝乃吾一字之師。○案，《雲谷雜記》卷二有辨干、于二姓語。宣公宿學，惑於所角之音；《宋景文筆記》卷中云："《漢書·李廣傳》：數奇。注切爲所角反，故學者皆曰數（朔）奇。孫宣公奭，當世大儒，亦從曰數（朔）。後予得江南本，乃所具反，由是復觀顔注，乃顔破朔從所具反云，世人不知覺。”子充博聞，不識政宗之句。《容齋四筆》論鈔傳文書之誤云：“今代所傳文書，筆吏不謹，至於成行脱漏。予在三館，假庾自直《類文》，先以正本點檢，中有數卷，皆以後板爲前，予令書庫整頓，然後録之。他多類此。周益公以《蘇魏公集》付太平州鏤板，亦先爲勘校。其所作《東山長老語録》序云：‘側定政宗，無用所以爲用；因蹏得免，忘言而後可言。’以上一句不明白，又與下不對，折簡來問。予憶《莊子》曰：‘地非不廣且大也，人之所用容足耳。然而廁足而墊之致黄泉，知無用而後可以言用矣。’始驗‘側定政宗’，當是‘廁足致泉’，正與下文相應，四字皆誤也。因記曾紘所書陶淵明讀《山海經》詩云：‘形夭無千歲，猛志固常在。’疑上下文義若不貫，遂取《山海經》參校，則云：‘刑天，獸名也，口中好銜干戚而舞。’乃知是‘刑天舞干戚’，故與下句相應，五字皆譌。以語友人岑公休、晁之道，皆撫掌驚歎，亟取所藏本是正之。此一節甚類《蘇集》云。”鼎臣精意，惜失校於加瑩；龔鼎臣《東原録》云：“嘉祐中，予在國子監，與監長錢象先進學官校定李軌注《楊子法言》。後數年因於唐宋類書中見“如玉加瑩”一義，惜其未改正也。或問屈原智乎？曰：‘如玉加瑩，爰見丹青。’李軌注云：‘夫智者達天命，如玉加瑩，磨而不磷。’往日不知其誤，遂改軌注，以就文義爾。”○案今本《法言・吾子篇》作“如玉如瑩，爰變丹青”。汪衮父作《義疏》，以龔説爲不足信。叔夏覃思，悔臆竄於治忽。彭叔夏《文苑英華辨證》序云：“叔夏年十二三時，手鈔太祖皇帝實録，其間云：‘興衰治口之源。’闕一字，意謂必是‘治亂’。後得善本，乃作‘治忽’。三折肱爲良醫，信知書不可以意輕改。”則校讎之業，蓋亦有不容已者焉。溯自板刻流行，數逾三寫。《抱朴子・遐覽篇》。操取捨於計贏之賈，委權衡於攻木之工，以弄麞伏獵之流。《舊唐書・李林甫傳》云：“太常少卿姜度，林甫舅子。度妻誕子，林甫手書慶之曰：‘聞有弄麞之慶。’客視之掩口。”又林甫讀‘杕杜’爲‘杖杜’，亦見本傳。○又《嚴挺之傳》云：“林甫引蕭炅爲戸部侍郎，嘗與挺之同行慶弔，客次有《禮記》，蕭炅讀之曰：‘蒸嘗伏獵’。炅早從官，無學術，不識伏臘之意，誤讀之。挺之戲問，炅對如此。挺之白九齡曰：‘省中豈可有伏獵侍郎？’”肆白及牡丹之伎。《爾雅・釋草》：“椴，木槿。”郭注：“或注爲日及，亦曰王蒸。”田敏改“日及”爲“白及”，見《宋史・儒林傳》。案《月令》：“仲夏，木堇榮。”疏引某氏曰：“或呼爲日及。”《莊子・逍遥遊篇》：“朝菌不知晦朔。”《釋文》引司馬云：“一名日及（非一物）。”陸機《歎逝賦》：“譬日及之在條。”劉禹錫《傷往賦》：“飄零日及之萼。”晉成公綏、潘尼並有《日及賦》。○顧氏《日知録》卷十八云:"山東人刻《金石錄》,於李易安後序'玄黓歲壯月朔',不知'壯月'之出於《爾雅》,改爲'牡丹'。凡萬曆以來所刻書,皆牡丹之類也。"其見於宋人之記者,《南華》則疑凝致舛;《東坡集·書諸集改字》云:"近世人輕以意改書,鄙淺之人,好惡多同,故從而和之者衆,遂使古書日就譌舛,深可忿疾。孔子曰:'吾猶及史之闕文也。'自予少時,見前輩皆不敢輕改書,故蜀大字書皆善本。蜀本《莊子》云:'用志不分,乃疑於神。'此與《易》'陽疑於陰'、《禮》'使人疑女於夫子'同,今四方本皆作'凝'。陶潛詩:'采菊東籬下,悠然見南山。'采菊之次,偶然見山,初不用意,而境與意會,故可喜也,今皆作'望南山'。杜子美云:'百鷗沒浩蕩,萬里誰能馴。'而宋敏求謂予云:'鷗不解沒,改作波。'二詩改此兩字,覺一篇神氣索然也。"〇案《東坡集》中《題淵明飲酒詩後》,亦謂俗本作"望",由俗士以意改;而《文選》各本皆作"望",無作"見"者,今所傳陶集作"見",依東坡說改之耳,未必"見"是而"望"非也。其論《南華》"疑"字甚是,疑與儗同,謂比儗於神也。《易》《禮》皆如是解。張淏《雲谷雜記》卷三,謂莊生語出《列子》,今《列子》皆作"疑",則《莊子》之誤,於此可證,何待引《易》《禮》然後知其誤?以《列》校《莊》,亦爲塙證,特《列》襲《莊》,非《莊》襲《列》耳。《周易》則金釜成嗤。《老學庵筆記》卷七云:"三舍法行時,有教官出《易》義題云:'乾爲金,坤又爲金,何也?'諸生乃懷監本《易》至簾前請云:'題有疑,請問。'教官乃爲講解大概。諸生徐出監本,復請曰:'先生恐是看了麻沙本。若監本,則坤爲釜也。'教授皇恐,乃謝曰:'某當罰。'即輸罰,改題而止。然其後亦至通顯。"〇案此教官事又見葉夢得《石林燕語》,又載秋試題"井卦何以無《彖》",檢福建本《易經》井卦果脫《彖傳》。《廣韻》改子陵之州;《雲谷雜記》卷四云:"近時閩中書肆刊書,往往擅加改易,其類甚多,不能悉紀,今姑取一二言之。睦州宣和中始改爲嚴州,今所刊《元豐九域志》,乃徑易睦州爲嚴州;又《廣韻》'桐'字下注云:'桐廬縣在嚴州。'然易去舊字,殊失本書之旨。將來謬亂書傳,疑誤後學,皆由此也。"〇案今所傳宋巾箱本、張本作"睦州",《古逸叢書》本作"嚴州"。《玉篇》迷靈均之畹。《雲谷雜記》卷一"山谷蘭說"云:"蘭似君子,蕙似士大夫,蓋山林中十蕙而一蘭也。《離騷》曰:'予既滋蘭之九畹兮,又樹蕙之百畝。'以是知不獨今人,雖楚人亦賤蕙而貴蘭也。《邵氏聞見後錄》曰:'魯直云:楚人滋蘭九畹,樹蕙百畝,蘭以少故貴,蕙以多故賤,予以爲非是。蓋十二畝爲畹,百畝亦相等矣。'又吳虎臣《漫錄》曰:'《離騷經》注,三十畝爲畹,即是蘭二百七十畝,豈十一之謂乎?不應以多少分貴賤。'淏案,《說文》:三十畝爲畹。王逸《楚辭注》乃以十二畝爲畹,未知何據。而《五臣注文選·離騷經》亦以三十畝爲言,豈王逸所注誤耶?二注雖不同,以驗山谷之言皆不合。吴、邵二公雖知山谷爲誤,而不知山谷所以致誤之由。蓋今世所行《玉篇》,頗多譌舛,最難得善本。如'畹'字注云:'三十步爲畹。'步乃畝字,誤寫作步爾。(原注:今浙東憲司與閩中錢塘所刊《玉篇》,其誤如故可考。)山谷不悟,遂以三十步爲畹,則九畹乃二百七十步,以今制言之,纔一畝餘耳。故山谷以多少分貴賤,正《玉篇》謬本有以誤之,古者步百爲畝,秦孝公以二百四十步爲畝,當原時尚百步爲畝也。蘭幾三而蕙纔一,則以多爲貴矣。要之,楚人於蘭蕙初無貴賤之分也。"○案《玉篇》:"秦孝公二百三十步爲畝,三十畝爲畹。"今所傳宋本、張本皆譌作三十步,不悟其文相承接,非是。《廣韻》《集韻》皆依《説文》作三十畝,無三十步之説,則北宋初所傳《玉篇》無三十步之説可知。張氏説甚塙。原楚人,不必遂用秦制,張氏謂當原時云云,則誤謂原在孝公前矣。其他集部之譌,更難勝計。《容齋三筆》記杜詩誤字云:"李適之在明皇朝爲左相,爲李林甫所擠去位,作詩曰:'避賢初罷相,樂聖且銜盃。爲問門前客,今朝幾個來?'故杜子美《飲中八仙歌》云:'左相日興費萬錢,飲如長鯨吸百川,銜盃樂聖稱避賢。'正詠適之也。而今所行本,誤以'避賢'爲'世賢',絕無意義,兼'世'字是太宗諱,豈敢用哉?《秦州雨晴》詩云:'天永秋雲薄,從西萬里風。'謂秋天遼永,風從萬里而來,可謂廣大。而集中作'天水',此乃秦州郡名,若用之入此篇,其致思淺矣。《和李表丈早春作》云:'力疾坐清曉,來詩悲早春。'正答其意,而集中作'來時',殊失所謂和篇本旨。"○《東觀餘論》卷下云:"政和二年夏,至洛陽。出上東門,於道化精舍中避暑,於法堂壁閒弊篋中得此帙。所錄杜子美詩,頗與今行槧本小異,如'忍對江山麗',印本'對'乃作'待';'雅量涵高遠',印本'涵'乃作'極',當以此爲正,若是者尚多。"○《邵博聞見後錄》卷十四云:"予客長安藍田,水壞一墓,得退之自書薛助教誌石,校印本殊不同,印本'挾一矢',石本乃'指一矢',爲妙語。又城中有發地得小狹青石,刻瘞破硯銘。長安又得李元賓墓銘,段季展書,校印本無友人博陵崔弘禮賣馬斄國東門之外七里之事。又印本銘云:'已乎元賓,文高乎當世,行過乎古人,竟何爲哉!'石本乃'意何爲哉'(世綵堂本注駁此事),益歎石本之語妙。歐陽公以下,好韓氏學者皆未之見也。"○王得臣《麈史》卷中云:"退之有《讀皇甫湜公安園池詩書其後》,此篇常病難讀,蓋多脱漏。予親家季勉之收永叔、王原叔、宋子京三公所傳韓文,最爲全本,悉多是正。於是知此篇乃脱八字,自'湜也困公安,不自閑',蓋'閑'字下脱'其閑'二字,又'掎摭糞壤'下脱一'間'字、下又脱'糞壤多'三字,其後'豈有藏'字下脱'不藏'二字。讀之者可以考焉。至於他詩,亦多是正,此不悉也。"○《朱子語類》云:"東坡賦'盈虚者如代',今多誤作'彼'字。'而吾與子之所共食',食字多誤作'樂'。

嘗見東坡手寫本皆作‘代’字、‘食’字。頃年蘇季真刻《東坡文集》嘗見問食字之義。云：‘如食色之食，猶云享也。’”〇費衮《梁谿漫志》卷六云：“蜀中石刻東坡文字稿，其改竄處甚多。”（舉乞校正《陸贄奏議劄子》、《獲鬼章告裕陵文》二篇注其異同，此略。）〇《老學庵筆記》卷四云：“唐拾遺耿緯《下邽喜叔孫主簿鄭少府見過》詩云：‘不是仇梅至，何人問百憂。’蘇子由作續溪令時，有《贈同官》詩云：‘歸報仇梅省文字，麥苗含穟欲蠶眠。’蓋用緯語也。近歲均州版本輒改爲仇香。”〇張世南《遊宦紀聞》卷七云：“嘉定甲申夏，有持潁濱先生帖十數幅求售，蹤跡所自，知非贋物甚明。有《黄鶴樓賦》一篇，其間‘前則項籍、劉戊’一句，《觀瀾文》作‘劉備’，《潁濱集》作‘劉季’。劉戊乃楚元王交之子也，漢六年既廢楚王信，分其地爲二國。立劉賈爲荆王，交爲楚王，王薛郡、彭城三十六縣，先有功也。交薨，戊嗣，稍淫暴，遂應吳王反。起兵會吳，與周亞夫戰，絕吳糧道，士饑，吳王走，戊自殺。彭城即徐州，先生之意，蓋以此也。不知當時作劉備、劉季，而後來易以戊邪？或傳寫譌謬，而意爲備爲季邪？要當以先生手書爲定也。”〇案，宋人好論詩文字句異同，今略舉杜、韓、二蘇集各二條爲例。遠徵天水，厥弊如斯；降及元明，兹風愈扇。苟如邢邵之言，思彼誤書，惟求自適；謝兹讎校，不爲人謀。《北齊書·邢邵傳》云：“有書甚多，而不甚讎校。見人校書，常笑曰：‘何愚之甚，天下書至死讀不可遍，焉能始復校此。且誤書思之，更是一適。’妻弟李季節，才學之士，謂子才曰：‘世間人多不聰明，思誤書何由能得。’子才曰：‘若思不能得，便不勞讀書。’”罔華士之誇辭，非通人之弘致也。顧校讎之例，首重謹嚴；疑義闕文，焉資矯說。劉元城有馬之論，陳鵠《西塘集·耆舊續聞》卷一云：“有問劉元城先生：‘“吾猶及史之闕文也，有馬者借人乘之，今亡矣夫。”先儒說此多矣，但難得經旨貫串。’元城曰：‘子但熟味“及”字與“亡”字，自然意貫。“有馬者借人乘之”，便是史之闕文。夫有馬而借人乘，非難底事，而史且載，此必是闕文。“及”如及見之謂，聖人在衰周，猶及見此等史，存而不敢削，亦見忠厚之意。至後人見此語頗無謂，遂從而削去之，故聖人歎曰：“今亡矣夫。”蓋歎此句之不存也。故聖人作《春秋》，於“郭公”、“夏五”，皆存之於經者，蓋慮後人妄意去取，失古人忠厚之意，書之所以示訓也。’故先生嘗言：‘“直其正也，方其義也。君子敬以直内，義以方外”，當作“正以直内”。“能悦諸心，能研諸侯之慮”，當作“能研諸慮”。如此類者，五經中極多，前輩恐倡後生穿鑿之端，故不敢著論。若或爲之，倡後生競生新意，以相誇尚，六經無全書矣，其害多於無人論說之時。此前輩所以謹重，姑置之不言可也，此正有得於聖人闕文之意。’”王原叔無地之談，《王氏談録》云：“公言校書之例，他本有語異而意通者，不取可惜,蓋不可决謂非昔人之意,俱當存之,如注爲一云作某。(原注:一字以上謂之一云,一字謂之一作。)公自校杜甫詩,有'草閣臨無地'之句,他本又爲荒蕪之'蕪',既兩存之。他日有人謂'無地'字以爲無義。公笑曰:'《文選》云,飛閣下臨於無地,豈爲無義乎?'"蓋有由矣。昔康成注《禮》,尚失於葉公;《困學紀聞》卷五云:"《緇衣》葉公之顧命曰:'毋以小謀敗大作,毋以嬖御人疾莊后,毋以嬖御士疾莊士大夫卿士。'《周書·祭公篇》:'公曰:汝無以嬖御固莊后,汝無以小謀敗大作,汝無以嬖御士疾大夫卿士,汝無以家相亂王室,而莫恤其外。'(原注:'葉公'當作'祭公',疑記《禮》者之誤。)"○惠氏《九經古義》,《葉公之顧命》注云:楚縣公葉公子高也,臨死遺書曰顧命。棟案,其辭有莊后、大夫卿士,非葉公之言也,此《周書·祭公》謀父之辭云云。即本王説。元長操觚,猶迷於侮食。《困學紀聞》卷十九云:"《周書·王會》:東越海蛤,或誤爲'侮食',而王元長《曲水詩序》用之,其别風淮雨之類乎!"遵明之説八寸爲八十,則徇俗以亂真;《北史·儒林·徐遵明傳》云:"遵明見鄭康成《論語》序云:'書以八寸策',誤作八十宗,因曲爲之説,其僻如此。"伯喈之以五叟爲五更,則求明而反晦。蔡邕《月令問答》云:"問:《記》曰'養三老五更',子獨曰'五叟';《周禮》曰:'八十一御妻',又曰'御妾',何也?曰:'字誤也。叟,長老之稱也,其字與更相似,書者轉誤遂以爲更。嫂字女旁叟,瘦字疒中叟,今皆以爲更矣。立字法者,不以形聲,何得以爲字?以嫂㛹、瘦㾘推之,知是更爲叟也。妻者,齊也,惟一適人稱妻,其餘皆妾,位最在下,是以不得言妻云也。'"(説又見《獨斷》)○案,《樂記》:養三老五更於大學,所以教諸侯之孝也;《祭義》:養三老五更於大學,所以教諸侯之弟也;《文王世子》:遂設三老五更群老之席位焉,字皆作"更"。《白虎通·鄉射篇》:"更者,更也,所更歷者衆也。《文王世子》注:'三老五更各一人也,皆年老更事者也。'"(《獨斷》及《漢官儀》皆云,以道改更己也。)則更字不誤。又蔡説以三老爲三人,五更爲五人,《白虎通》云:"三老、五更幾人乎?曰:各一人。既以父事,父一而已,不宜有三。"通學且然,而況庸庸者乎!顔黄門有言:"校定書籍,亦何容易。自劉向、楊雄,方稱此職耳。觀天下書未徧,不得妄下雌黄。"《顔氏家訓·勉學篇》。蓋校讎之事,若斯之難也。彼踵武鄭、章者,乃欲以蹈虚之業,易徵實之功,顯與《别録》之言相背,未嘗一顧,而曰:子政之校讎固如是也。不亦悖哉!

附錄段玉裁《與諸同志書論校書之難》:

校書之難,非照本改字不譌不漏之難也,定其是非之難。是非有二,曰底本之是非,曰立說之是非。必先定其底本之是非,而後可斷其立說之是非。二者不分,轇轕如治絲而棼,如算之淆其法實而瞀亂乃至不可理。何謂底本?著書者之稿本是也。何謂立說?著書者所言之義理是也。

《周禮·輪人》:"望而視其輪,欲其幎爾而下迆也。"自唐石經以下,各本皆作"下迆",唐賈氏作"不迆",故疏曰:"不迆者,謂輻上至轂,兩兩相當,正直不旁迆。故曰不迆也。"文理甚明。今各本疏文皆作"下迆"(下迆者,謂輻上至轂,兩兩相當,正直不旁迆,故云下迆也),其語絕無文理,則非賈氏之底本矣。此由宋人以疏合經、注者改疏之"不"字,合經之"下"字,所仍之經非賈氏之經本也。然則經本有二,"下"者是與?"不"者是與?曰:"下"者是也。"望而視其輪",謂視其已成輪之牙,輪圜甚,牙皆向下迆邪,非謂輻與轂正直,兩兩相當。經下文"縣之以視其輻之直",自謂輻;"規之以視其圜",自謂牙,輪之圜在牙。上文轂、輻、牙爲三材,此言輪、輻、轂,輪即牙也。然則唐石經及各本經作"下"是,賈氏本作"不"非也,而義理之是非定矣。倘有淺人校疏文"下迆"之誤,改爲"不迆",因以疏文之"不迆",改經文之"下迆",則賈疏之底本得矣,而於義理乃大乖也。

《王制》:"虞庠在國之四郊。"注云:"周立小學於四郊。"唐孔氏本經注皆作"西郊"。疏云:"西序在西郊,周立小學於西郊。"《祭義》:"天子設四學,當入學而太子齒。"注云:"四學,謂周有四郊之虞庠。"孔氏本改注作"西郊",故疏云:"天子設四代之學,周學、殷學、夏學、虞學也。天子設四學,以有虞庠爲小學,設置於西郊,當入學之時而太子齒於國人。"今本疏文作"設置於四郊",文理不可通,則非孔氏之底本矣。此由宋人以疏合經、注者,改疏之"西郊",合注之"四郊",所仍之注,非孔氏之注本也。然則《祭義》注本有二,"四郊"是與?"西郊"是與?曰:"四郊"是也。鄭注以"周有四郊虞庠"釋經"四學",文理一直,並無轉折。周有四郊虞庠,即《王制》之"虞庠在國四郊",注之"周立小學於四郊"也。故皇侃云:"四郊皆有虞庠。"《通典》云:"周制大學爲東膠,小學爲虞庠。"引鄭注《祭義》:"周有四郊之虞庠。"又引崔靈恩説,亦云鄭注《祭義》曰:"周有四郊虞庠。"《北史·劉芳傳》,芳表曰:"《禮記》云:'周人養庶老於虞庠,虞庠在國之四郊。'又云:'天子設四學,當入學而太子齒。'注云:'四學,謂周四郊之虞庠也。'"劉、崔、皇、杜所見《祭義》注皆作"四郊",王肅雖好駁鄭,而劉芳表云:"王肅《禮記》注云:'天子四郊有學,去都五十里。'鄭氏則不知遠近。"按,鄭注《王制》"移之郊"云:"爲習禮於郊學,郊在鄉界之外。"則鄭謂郊學在遠郊百里,肅則云近郊五十里,惟此爲小異,而小學在四郊無異,故盧辯注《大戴禮》亦言"四郊之學"。劉芳表曰:"大學在國,四小學在郊。"引《保傅篇》:"帝入東學,帝入西學,帝入南學,帝入北學,帝入大學",而總之曰:"周之五學,於此彌彰。"崔靈恩亦曰:"凡立學之法,有四郊及國中,四郊並方名之,國中謂之大學。"然則四郊小學,絕無可疑。再證以《王制》注"習禮於郊學,在六鄉之外,六遂之内",則斷不專在西郊一處,亦可證。或以《祭義》"祀先賢於西學"爲疑,不知此即《保傅篇》"帝入西學",尚賢而貴德,祭先賢專在西郊也。西學者,四郊之一,別辭也;四學者,合四郊言之,都辭也。孔氏於《王制》依誤本"西郊虞庠",因改此注亦作"西郊之虞庠",而經文故作"四學",因用《儀禮》注"周立四代之學",釋經之"設四學",以四學中有西郊虞庠,釋注謂"周西郊之虞庠",是不思《儀禮》"四代之學",謂立大學於國中,不得與郊之小學糅合爲四也。且以一承四,甚費周折,是孔氏二疏作"西郊"皆非也,而義理之是非定矣。倘有淺人校《祭義》疏,改"四"爲"西",因並改《祭義》注之"四"爲"西",《王制》經、注、疏之"西郊",皆沿誤不改,則孔疏之底本雖得，而於義理乃大乖也。

《春秋左傳》："衛侯賜北宫喜謚曰貞子，賜析朱鉏謚曰成子，而以齊氏之墓與之。"杜注曰："皆死而賜謚及墓田，傳終言之。"宋本亦或作"皆未死而賜謚及墓田，傳終而言之"，二者皆出於宋本，孰爲是與？曰："皆死而賜"者是也。二人時未死也，既死而賜，故要其終而言之。若云皆未死而賜，則"傳終言之"句不可接而爲贅辭矣。是一本作"未死而賜"者非也。然則死而賜，於說經是與？曰：《春秋》常事不書。書者，爲其未死而賜也。云"死而賜"，則杜注之底本得矣，而於義理實非也。云"未死而賜"，則杜注之底本失矣，而於義理有合也。○《困學紀聞》卷六云："衛侯賜北宫喜謚曰貞子，賜析朱鉏謚曰成子，是人臣生而謚也。"何義門云："杜氏注云：'未死而賜謚及墓田，傳終而言之。'近得不全宋槧本作"皆死而賜謚及墓田，傳終言之"，少"未"字，而義尤塙，意尤明，似勝王氏所據之本。"案彭文勤《知聖道齋讀書跋》言内府藏宋本凡七，其一本作"死而賜謚"，與何氏所見合。《天禄琳瑯續編》亦載是本，四函，二十八册。云："書末有近人跋云：昭二十年，衛侯賜北宫喜謚曰貞子，賜析朱鉏謚曰成子。後之考訂者，如升庵、寧人輩，皆據以爲古人有生而謚者。昔何義門得宋槧不全《左傳》，注中云：皆死而賜謚及墓田，傳終言之。無未字、而字，以示閻百詩，相爲擊節（案，亦見《紀聞》注）。且若有未字，則與傳終言之不相屬。余見宋槧《左傳》多矣，即如南宋相臺岳氏、世綵堂廖氏所刻九經，最稱善本。廖本未見，岳本及諸本，檢之，皆有未字。癸巳歲，余至虞山席玉照家，得汲古閣所藏宋本《左傳》全帙，及殘本五册。檢之，皆作死而賜謚，故毛氏並殘本而藏之也。蓋未字之增已久，王伯厚不加細審，爲所誤耳。余因取繙岳本校之，無甚大謬，然此一字之增，何啻霄壤！閒正數十字，皆岳本不及，此本真可寶也，因記之，以破千古之誤。乾隆丙午秋仲，彭城仲子識。"又云："王漁洋《池北偶談》十四卷"談藝"亦引其說，亥豕之誤人如此，學者能不考之？"黄蕘圃《百宋一廛賦》注，殘小字本《春秋經傳杜氏集解》，每半葉十四行，每行大二十三字，所存前後凡二十三卷。又殘中字本每半葉八行，每行十七字，所存前後凡十八卷。若以兩本相補，惟少第十四卷耳。其昭公二十年，兩有，與閻百詩、何義門所說死而賜謚皆合，但未知當日所見爲何本。○案孫詒穀《讀書脞錄》卷二亦說此事，謂宋槧不全本《左傳》藏歸安嚴九能家。然此本存四卷，非黄氏所見之本也。嚴以詒臧在東，見《經義述聞》卷三注。黄氏所藏小字本後歸鐵琴銅劍樓。瞿氏書目載之，引段氏懋堂云：杜曰終言之，則其上文爲死而賜謚,無可疑者(校勘記云:宋本、宋殘本、足利本無未字而字,亦引段說)。段氏此之辨杜氏之底本極是,而謂於義理實非則謬。《春秋》常事不書,乃《公羊》桓四年傳文,段君以《公羊》說《左氏》,家法不分,其誤一也。常事不書,謂孔父之經,非謂丘明之傳,段君以傳文爲《春秋》,是經傳不明,其誤二也。

《毛詩》:"涇以渭濁",《箋》云:"涇水以有渭,故見謂濁。"《正義》曰:"涇水言以有渭,故人見謂已濁,猶婦人言以有新婚,故君子見謂已惡也。"引定本《箋》作"涇水以有渭,故見其濁。"《釋文》曰:"故見渭濁,舊本如此。一本'渭'作'謂',後人改耳。"按,同一字而《正義》作"見謂",師古定本作"見其",《釋文》作"見渭",三者孰是?曰:《正義》作"謂"是也。如《釋文》作"見渭",則不可通;定本作"見其",亦因舊作"渭"不可通,而改之耳。作"見謂濁",文理易憭;陸德明反說"見謂"爲非,"見渭"爲是。苟知孔氏疏文底本作"見謂"不誤,而義理之是非亦定矣。倘有必據《釋文》以改《正義》,則孔疏之底本失,而於義理乃大乖也。

《士冠禮》:"以摯見於鄉大夫、鄉先生。"《冠義》同。上"鄉"字《釋文》作"鄉",云二"鄉"並音"香"。二經疏皆作"卿大夫鄉先生"。賈云:"經言卿大夫,不言士。"孔云:"謂在朝之卿大夫也。""鄉"、"卿"果孰是與?曰:"鄉大夫"是也,作"卿"非也。凡言鄉大夫有二義。一則《周禮》之本鄉鄉老、鄉大夫,關以下州長、黨正、族師、閭胥也。鄉大夫,卿也。鄉老,公也。舉鄉大夫以上關公、下關士也。○王伯申云:"案鄉大夫乃官名,非爵名,不得上關公,下關士也。"一則本鄉之士爲大夫在朝者,亦舉大夫以關公士也。○王云:"此說無據。"《鄉射禮》注云:"遵者,鄉之人仕至大夫者",○王云:"鄉之人仕至大夫者謂之遵者,不聞謂之鄉大夫也。"又曰:鄉先生,鄉大夫致仕者也。"○王云:"此鄉大夫亦當作卿大夫,《士冠禮》注所謂鄉先生,鄉中老人爲卿大夫致仕者也。此注'卿大夫致仕者'六字,正與彼同,傳寫者卿誤爲鄉耳。亦猶《士冠禮》注之卿大夫,鍾本、陳本及《通典》通解楊氏圖俱誤作鄉大夫也。"此"鄉大夫"三字,所謂"同一鄉之人仕至大夫者",○王云:"《鄉射禮》注鄉大夫乃傳寫之誤,不得據以爲解。"同一鄉而仕至大夫曰鄉大夫,○王云:"敖繼公《集說》云:鄉大夫,鄉之異爵者也,臆說不足據。段用其意,而爲此說,非也。偏考書傳,無謂同鄉之人仕至大夫爲鄉大夫者。"每鄉卿一人,亦即大夫之一也。○王云:"此亦用敖氏主治一鄉之說,然敖云:鄉大夫,鄉之異爵者也。或云:即主治一鄉者,皆未定之說。前說是則後說非,後說是則前說非矣。今乃兩說並用,不自相刺謬乎?且經義果如此,則注當云:鄉大夫官名,每鄉卿一人;或云:鄉大夫,同鄉之人仕至大夫者,文義乃明,何得無一語注釋?"同一鄉仕至大夫致仕者曰鄉先生,即上老坐於右塾,庶老坐於左塾,鄉飲、鄉射,則謂之"遵者"是也。鄭於《禮》《禮記》皆釋鄉先生,不釋鄉大夫者,《禮記》言鄉先生同鄉老而致仕者,則鄉大夫之爲同鄉現仕者可知矣。《儀禮》言:鄉先生,鄉中老人爲卿大夫致仕者,則鄉大夫爲鄉中卿大夫未致仕者可知矣。○王云:"卿大夫若作鄉大夫,則文在鄉先生之前。鄭當先釋鄉大夫稱鄉之義,何待至鄉先生而始云同鄉云鄉中乎?至鄉先生而始釋鄉字,則上文卿大夫之不作鄉明矣。"又案,卿大夫人所共曉,故鄭不注。若作鄉大夫,則不得無注矣,何以《儀禮》《禮記》注皆不釋此三字乎?段雖曲爲之說,而終不可通也。必重同鄉者,死徙無出鄉,百姓親睦,相保相受,相葬相救,相賙相賓,欲使一鄉之人相好如一家,六親六遂皆然,而後仁義箸,教化行,本鄉之外,恐太廣而不浹,本鄉之内,不甚遠而易相親,故有冠者必見其鄉之已仕、致仕者,聖人教民之深意也。如賈、孔作"卿大夫",則在朝之卿大夫,其可全見與?○王云:"古者無大夫冠禮,趙文子所行,即士冠禮也,徧見六卿,見於《國語》。不得云不可全見。晉有六卿,猶且全見,其餘諸侯,則大國三卿、小國二卿,人數無多,何不可全見之有?"是以陸是而賈、孔非也。○王云:"韋昭《晉語》注引《禮》作卿大夫,與賈、孔合,則賈、孔是而陸非。今若依賈、孔之底本,改陸氏音"香"之說,改二經作"卿大夫",則賈、孔之底本得矣,而於義理乃大乖也。○案,劉端臨《經傳小記》始謂賈、孔二疏作卿,陸本誤作鄉。盧抱經《群書拾補》用其說,段氏以爲非。顧千里爲張古餘作撫本《禮記考異》,略同段說。王伯申《經義述聞》卷十申劉義以駁段張顧。今以王說分注於段說之下,如上文。

就五事論之,依今疏作"下地",而賈不受也,依賈作"不地"以改經,而《考工》經不受也;依《祭義》今疏"四郊虞庠",而孔不受也,依孔作"西郊",而《祭義》《王制》經、注不受也;依"皆未死而賜謚",而杜元凱不受也,依"皆死而賜謚",又恐左公不受也;依疏作

“見謂濁”，而陸不受也，依《釋文》作“見渭濁”，而鄭箋不受也；改二疏作“鄉大夫”，而賈、孔不受也，依疏以改經及《釋文》作“卿大夫”，而經、《釋文》不受也。故校經之法，必以賈還賈，以孔還孔，以陸還陸，以杜還杜，以鄭還鄭，各得其底本，而後判其義理之是非，而後經之底本可定，而後經之義理可以徐定。不先正注、疏、《釋文》之底本，則多誣古人；不斷其立説之是非，則多誤今人。

自宋人合《正義》、《釋文》於經、注，而其字不相同者，一切改之使同，使學而不思者，白首茫如，其自負能校經者，分别又無真見，故三合之注疏本似便而易惑，久爲經之賊，而莫之覺也。如近者顧千里校《祭義》疏，改“四郊”爲“西郊”，孔氏之底本得矣，而遂欲改注之“四郊”爲“西郊”，且云《王制》經、注之“西郊”不誤，是知孔氏之底本，而不知鄭氏之底本也。鄭氏之底本失，則經之底本亦失，而周制四郊小學，遂不傳矣。千里又竊余曩時辨劉端臨、盧紹弓據二疏改經“鄉大夫”爲“卿大夫”之説，著於《禮記考異》，而未知其詳，且又因宋本之譌字謂賈作“鄉”不誤，是又知經之底本，而不知賈疏之底本也。知之者所以辨其非而歸於一是也。東原師云：鑿空之弊有二：其一緣辭生訓也，其一守譌傳謬也。緣辭生訓者，所釋之義，非其本義；守譌傳謬者，所據之經，併非其本經。如孔氏“虞庠在國西郊”，所謂所據之經非其本經也，而緣之立説，則所釋之義非其本義矣。經文之不誤者，尚懼緣辭生訓，所釋非其本義，況守譌傳謬之經耶？孔氏守唐時譌謬之本，千里又守孔氏所守，至於古本之是者，確有可據，而不之信，信孔以誣鄭，誣鄭以誣經，不大爲經之害也哉！凡校經者貴求其是而已。以《祭義》注“四郊虞庠謂之四學”，正《王制》經注之“西郊”爲“四郊”，考之《大戴禮》、王肅、劉芳、皇侃、崔靈恩、杜佑諸家而無不合，以排孔氏之疏謬，所謂求其是也。執事以爲如何？○案，孫詒穀據《北史·劉芳傳》及《祭義》經注以正《王制》“西郊”爲“四郊”之誤。（《讀書脞録續編》卷一）顧千里作《學制備忘記》，力攻其説。段君作《四郊小學疏證》，以申孫義，遂與顧相失。段集中《與顧千里論學制備忘之記》諸篇，及《附顧千里答》，互詆甚烈。此爲段君晚年極忿之事，故集中他文，如與陳仲魚、黄紹武諸書及此篇，皆爲千里而發也。《思適齋集》中《與段大令論椒聊經傳書》、《重刻宋本〈儀禮〉疏後序》、《書〈尚書撰異·君奭〉後》、《書〈毛詩故訓傳〉定本後》、《書段氏〈説文注〉後》諸篇，皆譏切段氏，以報東門之役。夫懋堂當代耆儒，又千里平日所師事，一言不合，遽關射羿之弓，宜爲段君之不平也。

原始第二

昔閔馬父稱正考父校商之名《頌》十二篇於周太師,以《那》爲首。《魯語》文,韋解云:"《毛詩》序云:'微子至於戴公,其間禮樂廢壞,有正考父者,得《商頌》十二篇於周之太師,以《那》爲首。'鄭司農云:'自考父至孔子又亡其篇,故餘五耳。'"案,鄭《詩譜》用此文,《正義》云:"宋之禮樂雖則亡散,猶有此詩之本,考父恐其舛謬,故就太師校之也。"校讎之業,見於載籍,蓋莫先於此矣。嗣是孔子辨燕伯於《春秋》,《公羊》昭十二年:"齊高偃帥師納北燕伯於陽。"傳:"伯于陽者何?公子陽生也。子曰:'我乃知之矣。'"何注:"時孔子年二十三,具知其事,後作《春秋》。"案《史記》:"知'公'誤爲'伯','子'誤爲'于',陽在,生刊滅闕。"子夏徵涉河於《晉史》,事詳《正名篇》。固已立校讎之榘矱,導向、歆之先路。及至漢武帝即位好學,親加省校,莊、馬之徒,咸與編摩。《書鈔》一百二、《御覽》八十八引《漢武故事》云:"上少好學,招求天下遺書,親自省校,使莊助、司馬相如等以類分別之。"下逮孝宣之世,近君校禮容之籍,《漢書·儒林傳》云:"后蒼字近君。"又云:"蒼說禮數萬言,號曰《后氏曲臺記》。"顔注引服虔曰:"在曲臺校書著記,因以爲名。"案,《文選·竟陵王行狀》注引《七略》云:"宣皇帝時行射禮,博士后蒼爲之辭,至今記之,曰《曲臺記》。"則蒼校書在宣帝時也。子僑正《君臣》之篇,《御覽》二百二十一引《別錄》云:"孝宣皇帝重申不害《君臣篇》,使黃門郎張子喬正其事。"案,子喬與劉向同待詔金馬門,見《王褒傳》;與劉向同以能屬文辭並進對,見向本傳。兩《傳》及《藝文志·詩賦略》"喬"並作"僑"。《向傳》注云:"'僑'字或作'蟜',或作'喬',皆音鉅驕反。"又其近例也。班《志》稱成帝時書頗散亡,使陳農求遺書,而劉向司校讎。每一書已,向輒條其篇目,撮其旨意,録而奏之。向卒,哀帝復使向子歆卒父業。歆於是總群書而奏其《七略》。同與斯役者,則步兵校尉任宏校兵書,丞相史尹咸校數術,侍醫李柱國校方技。向、歆所校,經傳、諸子、詩賦而已。以上並見《漢書·藝文志》,向校書事又見《成帝紀》。今詳考之,則志所舉猶有未悉。案《晏子春秋敘録》云:"臣向謹與長社尉參校讎。"《列子敘録》同。

"參"者,杜參也。《藝文志・詩賦略》有博士弟子杜參賦二篇,注引《別録》云:"臣向謹與長社尉參校讎中祕書。"是也。《管子敘録》有富參書,疑富參乃杜參之誤。《北齊書・文苑・樊遜傳》作"長水校尉參",非是。蓋校者不知"長社"爲潁川縣名,熟於長水校尉之名,因臆改之耳。《漢書敘傳》言:班斿博學有俊才,與劉向校書,每奏事。顔注:"斿每奏校書之事。"而未言所校爲何書。志言子駿受詔校書在子政既卒之後,而《劉歆傳》則云:"河平中,受詔與父向領校祕書。"《別録》亦云:"臣向謹與黄門侍郎歆所校《列女傳》,種類相從爲七篇。"《初學記》二十五引。是子政生前,子駿已同與斯役矣。阮孝緒《七録》序云:"孝成之世,命光禄大夫劉向及子俊、歆等讎校篇籍。"《廣弘明集》卷三引。孫伯淵、《續古文苑》。嚴景文《全梁文》。皆謂"俊"爲"伋"之誤。詳其文義自作"伋",後人以歆字子俊,乃改伋爲俊,以合之耳。《向傳》云:"向三子皆好學。長子伋,以《易》教授,官至郡守。"則其才足以校書。阮氏之言,當有所據。姚振宗《隋志考證》疑出《七略》《別録》,説近是。則子政之子,與於斯役者,不徒子駿。《志》也言尹咸校數術,不言他書。而《歆傳》則云:"時丞相史尹咸以能治《左氏》與劉歆共校經傳。"《儒林傳》敘左氏傳授云:"尹更始傳子咸及翟方進胡常,而劉歆從尹咸及翟方進受。"《歆傳》亦云:"歆略從咸及翟方進質問大義。"則尹咸乃子駿所師事者也。則尹咸所校,又不徒數術也。《山海經》載劉秀表曰:"校祕書太常屬臣望所校《山海經》凡三十二篇,今定爲一十八篇。"則臣望先校《山海經》,而歆復審之也。《海外東經》《海内東經》之末,俱有題識云:"建平元年四月丙戌,待詔太常屬臣望校治,侍中光禄勳臣龔、侍中奉車都尉光禄大夫臣秀領主省。"郝蘭皋謂望蓋丁望。丁望者,定陶丁姬之叔父也。見《外戚傳》。龔即王龔,《儒林・房鳳傳》云:"時光禄勳王龔以外屬内卿與奉車都尉劉歆共校書,三人皆侍中。"則龔亦與於校書之役,而房鳳以明經通達爲王根所薦。及師丹奏歆非毁先帝所立,哀帝出龔爲弘農,歆河内,鳳九江太守,是三人者進退必偕,鳳亦或與於校書之事,而史文言之未晰耳。《後漢書・蘇竟傳》云:"王莽時與劉歆共典校書。"又載《與劉歆兄子龔書》云:

“走昔以研摩編削之才,與國師公從事出入,校定祕書。”考本傳云:“竟以明《易》爲博士,講書祭酒。善圖緯,能通百家之言。”則經傳諸子,所校必多矣。《華陽國志》記廣漢士云:“楊宣字君緯,什方人。平帝時,命持節爲講學大夫,與劉歆共校書。”考《常志》謂宣少受學於楚國王子張,受天文圖緯於河内鄭子侯。師楊翁叔,能暢鳥言。《論衡·實知篇》:“廣漢楊翁偉能聽鳥獸之音。”即此文之楊翁叔,廖本《常志》作“楊公叔”。其言災異事,《漢書·五行志》《元后傳》俱載之。則所校當與尹咸同科矣。因斯以談,向、歆之鴻業,蓋亦由渙群之吉,非夫一手一足之爲烈也。夫官有世守,業有專攻。被逢掖習籩豆者,絀於行陳之用。明庶物察人倫者,忽於占卜之驗。而岐伯苗父之業,又非夫圜冠句屨之倫所能徧習也。故以博物洽聞,通達古今,如中壘父子。雖陳力而就列,猶程材而謝短焉。尋向之校書也,其術有八。一曰聚本:

《戰國策書録》所據有中書及國别者八篇。《管子書録》所據有中書三百八十九篇,大中大夫卜圭書二十七篇,臣富参四十一篇,射聲校尉立書十一篇,太史書九十六篇。《晏子敘録》所據有中書十一篇,太史書五篇,臣向書一篇,長社尉参書十三篇。《孫卿書録》所據有中書三百二十二篇。《列子書録》所據有中書五篇,太常書三篇,太史書四篇,臣向書六篇,臣参書二篇。《鄧析書録》所據有中書四篇,臣敘書一篇。《説苑敘録》所據有中書、臣向書、民間書。《史記·老子韓非傳》索隱引《别録》云:“《申子書》今民間所有二篇,中書六篇。”宋謝守灝《混元聖紀》引《七略》云:“劉向讎校中老子書二篇,太史公書一篇,臣向書二篇。”《韓非子書録》不言所據各本,又不著撰人,蓋非向作。《關尹子》、《子華子》皆僞作,其《書録》亦僞。《列子》雖僞書,其《書録》蓋取之《别録》。《鄧析書録》據《崇文總目》所載乃劉歆作也。

二曰去複:

《戰國策書録》云:“除複重得三十三篇。”《管子書録》云:“凡中外書五百六十四篇,以校,除複重四百八十四篇,定著八十六篇。”今本目亦八十六篇，中外書都數五百六十四篇，若除四百八十四篇，止得八十篇，則除複重者當爲四百七十八篇，云四百八十四，誤也。《晏子叙録》云：“凡中外書三十篇，爲八百三十八章。除複重二十二篇，六百三十八章，定著八篇，二百一十五章。”孫星衍《晏子音義》云：“《藝文志》儒家：‘《晏子》八篇。’蓋内篇六：諫上、諫下，問上、問下，雜上、雜下；外篇二，俗本始删并爲一也。”《孫卿書録》云：“除複重二百九十篇，定著三十二篇。”《列子書録》云：“内外書凡二十篇，以校，除複重十二篇，定著八篇。”《鄧析書録》云：“凡中外書五篇，以校，除複重，爲一篇。”《崇文總目》云：“《賈子》傳本七十二篇，劉向删定爲五十八篇。”《初學記》二十一引《别録》云：“所校讎中《易傳淮南九師道訓》，除複重，定著十二篇。”又云：“所校讎中《易傳古五子書》，除複重，定著十八篇。”《混元聖紀》引《七略》曰：“凡中外書五篇，一百四十二章，除複重三篇，六十二章，定著八十一章。上經第一，三十七章；下經第二，四十四章。”董思靖《道德真經集解》引作“劉向定著二篇八十一篇，上經三十四章，下經四十七章”。

三曰正譌：

《戰國策書録》云：“本字多脱誤爲半字，以趙爲肖，以齊爲立，如此者多。”《晏子叙録》云：“中書以夭爲芳，又爲備，先爲牛，章爲長，如此類多者。謹頗略椾，皆已定。”《列子書録》云：“或字誤，以盡爲進，以賢爲形，如此者衆。及在新書有棧，校讎從中書。已定。”《北堂書鈔》一百一、《御覽》六百八十引《别録》云：“古文或誤以見爲典，以陶爲陰，如此類多。”《蘇魏公集·校上淮南子序》云：“卷内或有假借用字，以周爲舟，以楯爲循，以而爲如，以恬爲惔，如此非一。”黄伯思《東觀餘論》卷下《校定焦贛易林序》云：“臣黄某所校讎中焦延壽《易林》，定著十六篇。篇中或字誤以快爲決，以羊爲年，如此者衆，校讎已定。又若喜或爲嘉，鸛或爲鵲，義可兩存，皆並著，可繕寫。是皆子政舊式也。

四曰補脱：

《漢書·藝文志》云：“劉向以中古文《易經》校施、孟、梁丘經，或脱去‘無咎悔亡’，唯費氏經與古文同。”又云：“劉向以中古文校歐陽、大、小夏侯三家經文，《酒誥》脱簡一，《召誥》脱簡二。率簡二十五字者，脱亦二十五字，簡二十二字者，脱亦二十二字，文字異者七百有餘，脱字數十。”劉歆《移書讓太常博士》云：“經或脱簡，傳或間篇。”

五曰異文：

《墨子書》如《尚賢》《尚同》《兼愛》《非攻》《節用》《節葬》《天志》《明鬼》《非樂》《非命》，皆分爲上、中、下三篇，其中每有詞旨重複者。俞蔭甫謂墨分爲三，三墨所傳各異。説見《墨子閒詁》序。其説近是。《非儒》止上、下篇者，其一家無此篇也，經與經説不在此例。子政校書，每去重複，而於《墨子》異本則並録之者，所以存異文也。《晏子敍録》云：“義有複重，文辭頗異，不敢遺失，復列以爲一篇，即其例也。”即《外篇》第八。《韓非子・內外儲説》諸篇，多有“一曰”之文，咸事同而詞略異。《管子・法法篇》有“一曰”，《大匡篇》稱“或曰”。尹氏《法法篇》注云：“管氏稱古言，故曰‘一曰’。”此妄説也。《大匡篇》注云：“集書者更聞異説，故言‘或曰’。”説近是。斯皆子政校書時存諸本之異同耳。《山海經》子駿所校，其中海外四經、海內四經，特著臣望、臣龔、臣秀三人題識者，咸多“一曰”之文，又其明據矣。如《海外南經》上條“結匈國”云云，下條“南山在其東南”云云，一曰“南山在結匈東南”，文同詞異，其爲校語甚明。郝氏《箋疏》謂經內凡“一曰”云云者，後人校此經時附著所見，或别本不同。案郝説是也。以經後題識觀之，則校者即歆等耳。

六曰别義：

《易》：“箕子之明夷。”《釋文》引劉向曰：“今《易》‘箕子’作‘荄滋’。”荄滋説見《漢書・儒林傳》。《史記・荀卿傳》：“炙轂過髡。”集解云：“《别録》曰：‘過字作輠。輠者，車之盛膏器也。案，“過”下脱一字，或以“曰”字爲衍，非。炙之雖盡，猶有餘流者。言淳于髡智不盡，如炙輠也。’”以上皆裴引《别録》語，下引左思《齊都賦》注：“言其多智難盡，如脂膏過之有潤澤也。”則從過字爲説，此又一義也。《索隱》：“劉氏云：‘轂，衍字也。’今按，文稱‘炙轂過’，過則是器名，音如字，謂盛脂之器名過，與鍋字相近，蓋即指器也。轂即車轂，過爲潤轂之物，則‘轂’非衍字，明矣。”○案，輠所以盛膏，有似于鬴，故以鬲名之，鍋即鬲之俗字。《説文》鬲讀若過，故《史記》直用“過”字。皆子政之存别義也。

七曰編次：

《戰國策書錄》云："臣向因國別者略以時次之，分別不以敘者以相補。"《晏子敘錄》云："外書無有三十六章，中書無有七十一章，中外皆有以相定。"案子政參定衆書，重爲部勒，雖易舊次，要歸至當。若宋人之改易《洪範》，分析《大學》經傳，變易《周禮》，以補《冬官》，是則以私智小慧，變亂舊章，言校讎者所宜深戒也。

八曰定名：

《戰國策書錄》云："中書本號或曰《國策》，或曰《國事》，或曰《短長》，或曰《事語》，或曰《長書》，或曰《修書》。臣向以爲戰國遊士輔所用之國爲之策謀，宜爲《戰國策》。"是《戰國策》之爲書，諸本參差，名稱各異，向乃定從今名也。或謂《管晏傳》稱《晏子春秋》，《漢志》但稱《晏子》。《淮南書》本號《鴻烈》，《漢志》但稱《淮南》。《蒯通》五篇，本傳云號《雋永》，而《漢志》但稱《蒯子》。皆向所定名。余謂向所見衆本標題各異，向乃定以一名，猶《戰國策》之沿用《國策》舊名也。《鴻烈》之名，見於《要略》，與《漢志》稱《淮南內外》者不同。然本傳已云："初安入朝，獻所作內篇。"又云："作爲內書二十一篇，外書甚衆，又有中書八卷。"則內篇亦《淮南》本名，非子政別立新名也。《晏子》《蒯子》之書，蓋亦同此。《史記·管晏傳》稱《晏子春秋》，而《正義》引《七略》云："《晏子春秋》七篇，在儒家。"似《七略》與《漢志》稱名不同。然《正義》又引《七略》云："《管子》十八篇，在法家。"今《漢志》列道家，尤爲牴牾，蓋《正義》所引，或爲《七志》《七錄》之屬，傳寫誤爲《七略》耳。故不取以爲向、歆仍名《晏子春秋》之證。孫詒讓曰："《荀子》舊本題《荀卿新書》，《列子釋文》亦載舊題云《列子新書目錄》，劉向上《管子》，奏稱《管子新書目錄》。新書者，蓋劉向奏書時所題，凡未校者爲故書，已校定可繕寫者爲新書。"說詳《札迻》"賈子新書"條下。《說苑敘錄》云："更以造新事十萬言。""新事"亦"新書"之誤。亦見《札迻》。劉向時衆本猥雜，稱名既乖，多寡復異。向爲之整齊畫一，使爲定本，有所改題，自無不可。今若沿用舊本，而妄立新名，若世俗所傳《諸子彙函》之爲，必爲通人笑矣。近人所著《劉向校讎學纂微》列二十三目,言多旁涉,不盡有關讎校。今參驗子政諸書敘錄,及舊輯《錄》《略》,撮其指要,括以八目,至《纂微》之作,疏漏弘多,此不暇及也。

規橅既遠,衣被無窮。春秋以來,六藝折衷於夫子;西京以降,群書刪定於子政。蓋異世同行矣。章太炎《訂孔上》云:"仲尼良史也,輔以丘明,而次《春秋》,料比百家,若旋機玉斗矣。談、遷嗣之,後有《七略》。孔子殁,名實足以抗者,漢之劉歆。"或駭其言。夫以德行道術爲衡,所詣尚不足語於顔、閔,莽之國師,更無論矣。然堯號則天,舜稱盡善,而夫子賢於堯、舜者,豈獨以其行哉?亦由刪定贊條之業,足開來世耳。執是以爲度,則向、歆之上比尼父,又何疑焉!特校讎之規,備於子政,國師因仍父業,事非獨創,舍子政而頌劉歆,非其理也。

附錄章炳麟《徵七略》:

《藝文志》稱:成帝時,求遺書於天下。詔劉向校經傳、諸子、詩賦,任宏校兵書,尹咸校數術,李柱國校方技。每一書已,向輒條其篇目,撮其指意,錄而奏之。會向卒,哀帝復使歆卒父業。"歆於是總群書,而奏其《七略》。"此則《別錄》先成,《七略》後述之明文也。然《歆傳》言:河平中,受詔與父向領校祕書,其後卒業。則《山海經》之錄,亦署"臣秀"。向時雖未著《七略》,其與任宏、尹咸、李柱國分職校書,業有萌芽。故《隋志》已稱《七略別錄》。《隋·經籍志》史部《簿錄》篇,有《七略別錄》二十卷,署劉向撰;又有《七略》七卷,署劉歆撰。此非二書,蓋除去敘錄奏上之文,即專稱《七略》耳。固知世業聯事,儕於《公羊》五世之傳,談、遷,彪、固二世之史。舉一事以徵作者,孰因孰革,無以質言矣。

略者,封畛之正名。《傳》曰:"天子經略。"所以標別群書之際,其名實砉然。《御覽》引劉氏書,或云《劉向別傳》,或云《七略別傳》。今觀諸子敘錄,皆撮舉爵里事狀,其體與《老韓》《荀孟》《儒林》諸傳相類。蓋淮南王安爲《離騷傳》,太史公嘗舉其文以傳屈原,在古有徵。班孟堅《離騷序》引淮南《離騷傳》文,與《屈原列傳》正同,知斯傳非大史自纂也。而輓近爲"學案"者,往往效之,兼得"傳"稱,有以也。

其書領錄群籍,鴻細畢備,推跡俞脈,上傳六典;異種以明,班次重見,以著官聯天府之守,生生之具,出入以度,百世而不惑矣。

獨蕭何之《九章》,見《刑法志》。叔孫通之禮器制度,王官所守,布在九區,及秦氏圖籍,高祖以知地形阸塞、戶口多少彊弱者,皆闕不著。《律曆志》所述和聲、審度、嘉量、權衡,職之大樂、內官、大倉、大行者,今在曆譜十八家以否,無文可知。及夫大尊桂酒,徵於元帝時大宰丞李元之記。見《禮樂志》晉灼注引。此則官宿其業,業舉其簿。今於劉《略》,亦俄空焉。蓋其大者,國之典章,刊剟一字,罪至殊死,固不待校。其細者,籩豆之事,佐史之職,官別爲書,與周時贊大行相似,藁瓿也,亦不暇校讎繕寫,是以不著於錄也。

然自班氏爲十志,多本子駿,其法式具在。及隋,遂有舊事、儀注、刑法、地理諸目,皆自子駿啟之。鄭君有言:"教者開發頭角而弗洞達,則受之者其思深。"非子駿,孰與知此乎?

始班氏爲《藝文志》,刪要備篇。南宋至今,奏錄既不可覩,而佚者往往見於佗書。歷城馬國翰綜輯其文,繁省不斠,時有奪漏。

余舊樂史官秘文之學,竊省《春秋》,孫卿以爲"亂術"。《解蔽》篇。注:"亂,雜也。"《法言》亦云:左氏"品藻"。《重黎》。衆庶曰品,《說文》。雜采曰藻。《玉藻》注。劉氏比輯百家,方物斯志,其善制割、綦文理之史也。亦以餘暇,慮綴佚文,用父子同業,不可割異,故仍題《七略別錄》。佗書或引向,或引歆,或引《七略別錄》,或引劉向《七略》,或引劉歆《別錄》,既糅雜不可分析,亦不更施標識。凡《藝文志》所錄書目及其子注,非班氏省出新入,其辭皆劉氏舊文,與《管》《晏》《列》《荀》《山海經》《說苑》諸書敘錄具在者,雖佗書徵引,皆不疏錄。獨取韋昭、顏籀所引,與佚文當舉書目以起本者,始一二迻書之。自省嵬瑣,多有闕略,過而存之,竊比於我五原大守。所輯如別。○案,子政所上諸書之敘錄,或稱書錄(《孫卿書》及《戰國策》),或稱敘奏(《論衡·變虚篇》引《子章書錄敘奏》,今本"奏"譌"秦"),或稱目錄(《文選·反招隱詩》注引《列子目錄》曰:"至於《力命篇》,一推分命。"即子政敘文。鄭君《尚書大傳》敘云:"劉子政校書奏此目錄。")其文皆宜在《别錄》中。《藝文志》注引《别錄》云:"臣向謹與長社尉参校中祕書",其文在今之《晏子敘錄》;《史記·管晏傳》集解引《别錄》云:"九府書民間無有,山高一名形勢",其文在今之《管子敘錄》,其明證也。諸書引《别錄》或云《劉向别傳》,蓋稱引之誤(《太平御覽》六百九引《劉向别傳》,載"校讎淮南九師道訓"語,《初學記》二十一即作《别錄》)。今所存子政諸敘錄,咸述作者行實,佗書所徵引《别錄》之文,有似於傳者,皆此類也。淮南王所作《離騷傳》,班孟堅引之,謂其說五子失家巷爲伍子胥,及至羿澆少康二姚有娀佚文,皆各以所識,有所增損,其爲順解《離騷》之文無疑。顔監以爲若《毛詩傳》,斯言得之(王懷祖謂《漢書》"傳"爲"傅"之誤,說甚迂曲。《淮南》高誘注、《文心雕龍·神思篇》所言作賦事,與此無涉)。章氏引以爲比,非也。《隋志》兩《唐志》皆云:《七略别錄》,劉向撰(又有《七略》七卷,稱劉歆撰,蓋從全書錄出,故《漢志》改題耳)。蓋合爲一書,則以父統子;分編題署,則仍列本名。方之近世,如伯申補石臞之《疏證》,叔俛續楚楨之《正義》,全書必署其父,附著乃標其子,無所疑焉(《廣雅疏證》第十卷題引之述,《論語正義》劉恭冕補闕卷,其後序乃言之,他若《儀禮正義》,則其弟子楊大堉補之,《毛詩後箋》,則其友陳奂補之,雖與父子相續者殊科,而全書題署,仍爲本名,其兩卷乃别白言之耳。若江藩、李林松之補《周易述》,又王、韓注《易》之例,不與此同也)。向、歆父子之書稱名相貿者,如《新序》,子政所作也,而小司馬以爲劉歆(《史記·商君傳》集解引《新序》論,索隱云:《新序》是劉歆所撰)。《列女傳》,亦子政所作也,而《隋志》以頌義爲劉歆(《玉燭寶典》引《列女傳》皆題劉歆,則隋唐人所見本如此)。不獨《錄》《略》而已,且《漢志》之因於《七略》,具有明徵。其云"名家者流,出於禮官"云者,小顔、小司馬皆以爲《别錄》之文(《史記自敍》索隱、《漢書·司馬遷傳》注)。荀仲豫《漢紀》引其文,亦稱劉向,則《七略》中敍述原流,著於《漢志》者,皆子政語也。故昔人引《七略别錄》,不加别白。李善引《七略》云:"齊有稷城門,齊談說之士期會於稷下。"(《文選·與楊德祖書》注)裴駰(《史記·田完世家》集解)、酈道元(《水經·淄水注》),皆以爲出劉向《别錄》。孔穎達引《别錄》云:"武帝末民有得《泰誓書》於壁内者,獻之,與博士,使讚說之。數月,皆起傳以教人。"(僞孔序疏)裴駰引劉向《别錄》云:"騶衍之所言五德終始天地廣大,書言天事,故曰談天。騶奭脩衍之文飾,若雕鏤龍文,故曰雕龍。"(《史記·孟荀傳》集解)而李善又皆以爲出《七略》(《文選·移書讓太常博士》注,及《宣德皇后令》注)。蓋《錄》《略》之界,其泯久矣。洪頤煊、嚴可均所輯《錄》《略》，皆分屬向、歆，各自爲編，致多牴牾；馬國翰合之，是也。而諸書所引，稱名互異者，又未能剖析言之，且三人者，其疏漏相似也。章君所輯，或未成書，拾遺補闕，不能無望於後之君子。

宗鄭第三

高密鄭君,生東漢之季,資惟天縱,學無常師,徧注群經,旁及祕緯,極深窐幾,蔚爲聖譯,游夏以來,蓋未有匹也。所著群書,佚亡過半;《詩箋》《禮注》,獨有全帙。其中勘舊本之是非,糾寫官之譌誤,蓋亦多矣。金壇段氏謂漢人作注,發疑正讀,其例有三:一曰讀如、讀若;二曰讀爲、讀曰;三曰當爲。讀如、讀若者,擬其音也;讀爲、讀曰者,易其字也;當爲者,定爲字之誤、聲之誤,而改其字也。以上《周禮漢讀考序》語。夫擬其音者,所以正其讀,易其字者,所以會其通,斯二者義歸故訓之科,無與校讎之事。獨所謂改字者,辨正形體,剖析豪芒,今之所資,惟在於是,略舉一隅,以示表睱。本書具在,固無取乎覶縷也。

子政校書,必聚衆本,鄭君亦然。其於《周禮》,有故書,有今書,有禮家改讀。而故書、今書,又復合有異本。"箈菹鴈醢",《醢人職》文。注:"故書'鴈'或爲'鶉'。"是故書非一本也。巡其"前後之屯",《鄉師職》文。注:"'屯'或爲'臀',今書多爲'屯'。"是今書非一本也。"六曰廉辨",《小宰職》文。注:"杜子春云:'廉辨或爲廉端。'"是杜子春所據有異本也。"共珠槃玉敦",《玉府職》文。注:"故書'珠'爲'夷',鄭司農云:'夷槃或爲珠槃。'"是鄭司農所據有異本也。"財用之幣齎",《外府職》文。注:"鄭司農云:'齎'或爲'資',今禮家定'齎'作'資'。"是諸禮家據異本而參定之也。鄭君衡量諸本,宷其從違。有三占從二者,"聽政役以比居",《小宰職》文。注:"'政'謂'賦'也。凡其字或作正,或作征,以多言,宜從征。"是也。有從杜子春者,"賓客之禽獻",《庖人職》文。注:"獻,古文爲獸,杜子春云:'當爲獻。'"鄭君即改經文爲獻;"設梐枑再重",《掌舍職》文。注:"故書枑爲柜,杜子春讀爲'梐枑'。"鄭君即改經文爲梐枑之類是也。有從鄭司農者,"酒正奉之",《酒正職》文。注:"故書酒正無‘酒’字,鄭司農云:‘正奉之,酒正奉之也。’”鄭君即於經文增酒字;“受其幣使入於職幣”,《司書職》文。注:“故書受爲授,鄭司農云:‘授當爲受。’”鄭君即改經文爲受之類是也。有於諸家校字擇善而從者,“聽稱責以傅別”,《小宰職》文。注:“故書‘傅別’作‘傅辨’,鄭大夫讀爲‘符別’,杜子春讀爲‘傅別’。”鄭君於“傅”從故書,於“別”從少贛,而以子春爲斷,是也。故書、今書有誤,而前人之說可循者,則直改經文以從之。其自爲校說,則經文仍依舊本,而存其說於注。是故同一“受”誤爲“授”,於《司書》之受其幣,見上。《大司徒》之使之相受,注:“故書受爲授,杜子春云:‘當爲受。’”以有杜、鄭之說,則改之。於《典婦功》凡授嬪婦功,注:“授當爲受,聲之誤也。”以無舊說,則不改,斯其慎也。且鄭君非好爲改字也。前人之說,苟非浹理厭心,決不輕從更易。杜子春於《小宰》易“宮”爲“官”,小宰之職,掌建邦之宮刑,以治王宮之政令,凡宮之糾禁。注:“杜子春云:‘宮當爲官。’玄謂宮刑在王宮中者。”於《大司徒》易“賙”爲“糾”。五黨爲州,使之相賙。杜子春云:“‘賙’當爲‘糾’,謂糾其惡。”玄謂賙者,謂禮物不備相給足也。如斯之類,鄭所不從。苟於前人破字,無所抉擇,瀆亂古書,其過至鉅。若今人所爲《淮南集證》者,蓋無足與於校讎之役矣。

《儀禮》有古文,有今文,有或本。鄭君從古文則出今文於注中,從今文則出古文於注中。如“爵弁服纁裳”,注:“今文‘纁’皆作‘熏’。”是古文作“纁”,而鄭君從之也。“席於門中闑西閾外”,注:“古文‘闑’爲‘槷’,‘閾’爲‘蹙’。”是今文作“闑”作“閾”,而鄭君從之也。又有一句之中,兼從今古文者。“設扃鼏”,注:“今文‘扃’爲‘鉉’,古文‘鼏’爲‘密’。”是鄭君於“扃”從古文,於“鼏”從今文也。復有參定衆本者。“章甫殷道也”,注:“‘甫’或爲‘父’,今文爲‘斧’。”是有甫、父、斧三本,而鄭君定從作“甫”之本也。上列四事,並《士冠禮》文。又《士相見禮》:“若父則游日。”注:“今文‘父’爲‘甫’。”則此“父”爲古文,“甫”爲或本。

《禮記》傳於漢師,本亦各異。鄭君作注,兼存異文。如宦學事師,注:“‘學’或爲‘御’。”席間函丈,注:“‘丈’或爲‘杖’。”皆《曲禮》。是所據有二本也。衽每束一,注:"衽,今小要。'衽'或作'漆',或作'髹'。"《檀弓》。孚尹旁達,注:"'孚'或作'姇',或爲'扶'。"《聘義》。是所據有三本也。猩猩能言,不離禽獸。《曲禮》。《釋文》云:"盧本作'走獸'。"子幹鄭君所師,又同事扶風,《記注》之成,實共商榷。見《詩·燕燕》疏引鄭《志》。子幹之本,寧容不見,以是推之,則鄭君亦有所刊落矣。《釋文敘錄》、《曲禮篇》題疏皆云,鄭依馬、盧之本爲注;《檀弓》:"子顯以致命於穆公。"注引盧氏說:"'顯'當作'韅'。"

鄭君之校三《禮》也,有以紀載之實數核之者,如《校人》之"八麗"、《職方》之"七伯",是也。

《周禮·夏官校人職》云:"凡頒良馬而養乘之。乘馬一師四圉。三乘爲皁,皁一趣馬。三皁爲繫,繫一馭夫。六繫爲廄,廄一僕夫。六廄成校,校有左右。駑馬三良馬之數,麗馬一圉。八麗一師,八師一趣馬,八趣馬一馭夫。注云:自乘至廄,其數二百一十六匹;校有左右,則良馬一種者四百三十二匹;五種合二千一百六十匹;駑馬三之,則爲千二百九十六匹。五良一駑,凡三千四百五十六匹,然後王馬大備。駑馬自圉至馭夫,凡馬千二十四匹,與三良之數不相應,"八"宜爲"六"字之誤也。師十二匹,趣馬七十二匹,則馭夫四百三十二匹矣,然後三之。

又《職方氏》:"方三百里則七伯。"注云:"方千里者爲方百里者百,以方三百里之積,以九約之,得十一有奇,云七伯者,字之誤也。"

有以本文之上下推之者,如《職方》之青州二女、《王制》之小國二卿,是也。

《職方氏》:"東南曰揚州,其民二男五女。正南曰荆州,其民二男三女。正東曰青州,其民二男二女。注云:"二男二女,數等,似誤也。蓋當與兖州同,二男三女。"河東曰兖州,其民二男三女。正西曰雍州,其民三男二女。東北曰幽州,其民一男三女。河內曰冀州,其民五男三女。正北曰并州,其民二男三女。"節錄。

《禮記·王制》:"大國三卿,皆命於天子。次國三卿,二卿命於天子,一卿命於其君。小國二卿,皆命於其君。"注云:"小國亦三卿,一卿命於天子,二卿命於其君。此文似說脫耳,或者欲見畿內之國二卿與?"○節錄。

有以文章之節次勘之者,如《聘禮》之朝服、《樂記》之商聲,是也。

《儀禮·聘禮》記:"各以其爵朝服。"注云:此句似非其次,宜在"凡致禮"下,脫爛在此。又"大夫不敢辭,君初爲之辭矣",注云:此句亦非其次,宜在"明日問大夫"之下。曰:"子以君命在寡君,寡君拜君命之辱。""君以社稷,故寡小君,拜。""君貺寡君,延及二三老,拜。"又拜送。注云:自"拜聘享"至此,亦非其次,宜承上"君館"之下。

《禮記·樂記》:愛者宜歌商,溫良而能斷者宜歌齊。下略。故商者,五帝之遺聲也。寬而靜,柔而正者,宜歌《頌》;廣大而靜,疏達而信者,宜歌《大雅》;恭儉而好禮者,宜歌《小雅》;正直而靜,廉而謙者,宜歌《風》。肆直而慈愛,注云:此文換簡失其次,"寬而靜"宜在上,"愛者宜歌商"宜承此下行,讀云:"肆直而慈愛者宜歌商"。商之遺聲也,商人識之,故謂之商。齊者,三代之遺聲也,齊人識之,故謂之齊。注云:商之遺聲也,衍字也,又誤,上所云"故商者五帝之遺聲也"當居此衍字處也。

有以本書正本書者,如《臘人》之"豆脯薦脯","庶孫之中殤下殤",是也。

《周禮·天官臘人》:"凡祭祀共豆脯薦脯。"注云:"脯非豆實,豆當爲羞,聲之誤也。"○賈疏云:"知脯非豆實者,案《籩人職》有栗脯,則脯是籩實,故云脯非豆實也。知豆當爲羞者,案《籩人職》云:'凡祭祀共其籩薦羞之實。'鄭云:'未飲未食曰薦,已飲已食曰羞,羞薦相對。'下既言薦脯,明上當言羞脯也。"

《儀禮·喪服》緦麻三月章:"庶孫之中殤"。注云:庶孫者,成人大功,其殤中從上,此當爲下殤,言中殤者,字之誤耳。

有以他書正本書者,如《職方》之"其浸潁湛,其浸波溠",是也。

《周禮·職方氏》:"正南曰荆州,其浸潁湛。"注云:潁出陽城,宜屬豫州,在此非也。○賈疏云:鄭據《地理志》,故知合在豫州。又昭元年,王使劉定公勞趙孟於于潁,亦在豫州。

又云:"河南曰豫州,其浸波溠。"注云:《春秋傳》曰:楚子除道梁溠營軍臨隨,則溠宜屬荆州,在此非也。

後世校讎之規,略具於此矣。

《詩》有四家之傳,毛爲古文,與三家多異。鄭君注《禮》,時徵別本,而箋《詩》則於三家顧略焉,蓋欲成毛氏之家言,立古文之門戸,不敢淆雜異字,瀆亂本經。而學既博通,恥爲黨伐,傳文簡質,事資補綴,苟非大體絕異,則取三家之所長,詳毛氏之所略,亦容有不得已者歟?昔許君造《說文》,稱《詩》用毛氏;而引《詩》說字,多取三家。永、羕兼存,氾、洍竝列,斯其例也。字畫經注,體固有殊;擇善而從,理無二致。其不言改字,而陰用三家者,如《關雎》之"君子好逑",易"逑"爲"仇";《漢書·匡衡傳》引《詩》曰:"君子好仇。"則《齊詩》作"仇"矣。《釋詁》郭注引《詩》曰:"君子好仇。"則《魯詩》作"仇"矣。《北風》之"其虛其邪",讀"邪"如徐,曹大家《幽通賦》注引《詩》曰:"其虛其徐",《齊詩》也。之類是也。其明言當作,實據三家者,如《吉日》之"其祁孔有","祁"當作"麎";樊光注《爾雅》引《詩》作"麎",蓋三家本也。《泮水》之"狄彼東南","狄"當作"剔",《釋文》引《韓詩》云:"鬄,鬄除也。""剔"即"鬄"之俗,此用《韓》改《毛》也。之類是也。《揚之水》"彼其之子",箋云:"'其'或作'記',或作'已'。"非《毛詩》之別本,亦三家之異文耳。《晉語》作"彼已之子",《表記》引《候人》作"彼記之子"。鄭君於《大叔于田》云:"'忌'讀如'彼已之子'之'已'。"於《崧高》云:"'近'讀如'彼記之子'之'記'。"案《韓詩外傳》引《詩》作"已",則作"記"亦三家《詩》也。鄭於《周禮》,標故書、今書之別,於《儀禮》明古文、今文之異,而於《詩》之三家,獨隱約其詞者,所以尊毛氏,扶微學,又不當以尋常校讎例之也。

評杜第四(闕)

明顔第五

仲尼既沒,微言圯絕;先儒傳經,派流各異。《春秋》分爲五,《詩》分爲四,《易》有數家之傳。劉向以中古文校施、孟、梁丘之《易》,歐陽、夏侯之《書》,脱文誤簡,所在多有。約《漢志》文。《詩》四家文字乖異,章句參差,則有如《都人士》之首章,毛氏存而三家亡;見《禮記·緇衣》注。《周頌·般》之"於繹思",毛氏無而三家有。《釋文》:毛無此句,齊、魯、韓詩有之。今《毛詩》有者,衍文也。崔集注本有,是采三家之本,崔因有,故解之。疏曰:此篇末俗本有"於釋思"三字,誤也。歐陽修謂三家無《豳風·七月》,劉安世謂《雨無正》篇首《韓詩》多二句,皆不足信。《文選·齊故安陸昭王碑文》注引《韓詩》:"萬人顒顒,仰天告愬。"乃釋《卷阿》"顒顒卬卬"句之文,而王伯厚《詩考》以爲經語,繫於《節南山》之下,亦非也。以至《逸禮》多三十九篇,劉歆《移書讓太常博士》、《漢書·藝文志》。《齊論》多《問玉》《知道》二篇;古《論》有兩《子張》,《漢志》、何晏《集解序》。古《孝經》多《閨門》一章。《漢志》:"《孝經》古文二十二章。"師古曰:劉向云:古文字也。《庶人》章分爲二,《敢問》章爲三,又多一章。案王劭得古文《孝經》,多《閨門》一章,劉炫據其本以作義疏,見《隋志》及《元疏》。後人多疑王、劉僞作。《春秋》三家,經文多異,《公》《穀》記孔子生,而《左氏》續經至孔丘卒,其乖牾甚矣。昔人傳經,家法是尚。杜元凱譏諸家膚引《公》《穀》,適足自亂;《左傳序》。何劭公恨先師觀聽不決,多隨二創。《公羊解詁序》。孔沖遠亦謂劉炫習杜義而規杜氏,如生木之蠹,還食其木。《左傳正義序》。則欲其勘經本之異,通彼是之郵,昔之經儒,所不受也。惟鄭君校《禮》,擇善而從,具如上述。外此則張侯之定《論語》,見《漢書》本傳,又何晏《集解序》云:張禹本受《魯論》,兼講《齊說》,善者從之,號曰《張侯論》。劉陶之正《尚書》,《後漢書·劉陶傳》:"推三家《尚書》及古文,是正文字,三百餘事,名曰《中文尚書》。"賈逵述《春秋》之訓詁,《隋志》載賈逵三家經本十二卷,侯康《補後漢書藝文志》云:《公羊》莊十二年:"宋萬弒其君接。"疏引賈氏云:《公羊》《穀梁》曰接。"昭四年,大雨雹。"疏引《賈氏》

云:《穀梁》作"大雨雪"云云,皆此書中語。撰《詩》《書》之同異,《後漢書》本傳云:肅宗詔令撰歐陽、大、小夏侯《尚書》古文同異,逵集爲三卷,帝善之。復令撰《齊》《魯》《韓詩》與毛氏異同。劉延世綜三傳爲《調人》,《晉書·儒林傳》:劉兆,字延世,著《春秋調人》七萬餘言,皆論其首尾,使大義無乖。時有不合者,舉其長短以通之。又爲《春秋左氏》解,名曰《全綜》,《公羊》《穀梁》解詁皆納經傳中,朱書以別之。《唐志》有兆《三傳集解》。崔靈恩合四家爲《集注》。《梁書·儒林傳》云:靈恩《集注毛詩》十二卷。《釋文敘錄》云:靈恩《集注》采三家之本。鄭君注《論》,亦就《魯論》篇章,考之《齊》古,何晏《集解序》、《釋文敘錄》。蓋與專己守殘者異矣。

自金行不競,函夏崩裂,滄海橫流,南北異學;精華枝葉,好尚各殊。見《北史·儒林傳》抉序。顏黄門擢秀江南,移根河北;《家訓》一編,時甄異本。則有若"杕杜"之爲"狄杜",上江南本,下河北本。"牡馬"之爲"牧馬",上江南本,下河北本。"施施"之爲單"施",上河北本,下江南本。"田冐"之爲"田宵",上河北本,下江南本。"禔福"之爲"提福",上河北本,下江南本。"虎穴"之爲"虎六",下江南本。莫不量其得失,定所從違。以上並見《書證》篇。若夫興雨、興雲之句,證以《靈臺》之詩;《書證》篇云:《詩》云:"有渰萋萋,興雲祈祈。"毛云:"渰,陰雲皃。萋萋,雲行皃。祈祈,徐皃也。"《箋》云:"古者,陰陽和,風雨時,其來祈祈然,不暴疾也。"案:渰已是陰雲,何勞復云"興雲祈祈"耶?"雲"當爲"雨",俗寫誤耳。班固《靈臺》詩云:"三光宣精,五行布序,習習祥風,祈祈甘雨。"此其證也。青衿、青領之文,徵諸孫、郭之注。又云:"也"是語已及助句之辭,文籍備有之矣。河北經傳,悉略此字,其間字有不可得無者,至如"伯也執殳","於旅也語","回也屢空","風,風也,教也",及《詩傳》云:"不戢,戢也;不儺,儺也。""不多,多也。"如斯之類,儻削此文,頗成廢闕。《詩》言"青青子衿"。《傳》曰:"青衿,青領也,學子之服。"按:古者斜領,下連於衿,故謂領爲衿。孫炎、郭璞注《爾雅》,曹大家注《列女傳》,並云:"衿,交領也。"鄴下《詩》本,既無"也"字,群儒因謬說云:"青衿、青領,是衣兩處之名,皆以青爲飾。"用釋"青青"二字,其失大矣!又有俗學,聞經傳中時須也字,輒以意加之,每不得所,益成可笑。據蕭該以正擐衣之誤;又云:《禮·王制》云:"贏股肱。"鄭注云:"謂揎衣出臂脛。"今書皆作擐甲之擐。國子博士蕭該云:"擐當作揎,音宣,擐是穿著之名,非出臂之義。"案《字林》,蕭讀是,徐爰音患,非也。引李巡以定冣木之非。又云:《詩》云:"黄鳥于飛,集于灌木。"《傳》云："灌木，叢木也。"此乃《爾雅》之文，故李巡注曰："木叢生曰灌。"《爾雅》末章又云："木族生爲灌。"族亦叢聚也。所以江南《詩》古本皆爲叢聚之叢，而古叢字似冣字，近世儒生，因改爲冣，解云："木之冣高長者。"案：衆家《爾雅》及解《詩》，無言此者，唯周續之《毛詩注》音爲組會反，劉昌宗《詩注》音爲在公反，又祖會反，皆爲穿鑿，失《爾雅》訓也。說妬媢則旁取於王充；又云：太史公論英布曰："禍之興自愛姬，生於妬媚，以至滅國。"又《漢書·外戚傳》亦云："成結寵妾妬媚之誅。"此二"媚"並當作"媢"，媢亦妬也，義見《禮記》《三蒼》。《五宗世家》亦云："常山憲王后妬媢。"王充《論衡》云："妬夫媢婦生，則忿怒鬬訟。"益知媢是妬之别名。原英布之誅爲意賁赫耳，不得言媚。言伎癢則遙資於潘岳。又云：應劭《風俗通》云："《太史公記》：'高漸離變名易姓，爲人庸保，匿作於宋子，久之作苦，聞其家堂上有客擊筑，伎癢，不能無出言。"案：伎癢者，懷其伎而腹癢也。是以潘岳《射雉賦》亦云："徒心煩而伎癢。"今《史記》並作"徘徊"，或作"彷徨不能無出言"，是爲俗傳寫誤耳。虙羲異宓，有單父之石刻可尋；又云：張揖云："虙，今伏羲氏也。"孟康《漢書》古文注亦云："虙，今伏。"而皇甫謐云："伏羲或謂之宓羲。"案諸經史緯候，遂無宓羲之號。虙字從虍，宓字從宀，下俱爲必，末世傳寫，遂誤以虙爲宓，而《帝王世紀》因更立名耳。何以驗之？孔子弟子虙子賤爲單父宰，即虙羲之後，俗字亦爲宓，或復加山。今兖州永昌郡城，舊單父地也，東門有子賤碑，漢世所立，乃云："濟南伏生，即子賤之後。"是虙之與伏，古來通字，誤以爲宓，較可知矣。隗狀非林，斯長安之鐵權具在。又云：《史記·始皇本紀》："二十八年，丞相隗林、丞相王綰等議於海上。"諸本皆作山林之"林"。開皇二年五月，長安民掘得秦時鐵稱權，旁有銅塗鐫銘二所。其一所曰："二十六年，皇帝盡並兼天下諸侯，黔首大安，立號爲皇帝，乃詔丞相狀、綰，灋度量，鼎不壹歉疑者，皆明壹之。"凡四十字。其一所曰："元年，制詔丞相斯、去疾，灋度量，盡始皇帝爲之，皆刻辭焉。今襲號而刻辭不稱始皇帝，其於久遠也，如後嗣爲之者，不稱成功盛德，刻此詔□左，使毋疑。"凡五十八字，一字磨滅，見有五十七字，了了分明。其書兼爲古隸。余被敕寫讀之，與内史令李德林對，見此稱權，今在官庫；其"丞相狀"字，乃爲狀貌之"狀"，爿旁作犬；則知俗作"隗林"非也，當爲"隗狀"耳。其取材之博，又校讎之良規也。

祕監繼興，傳其家學。當文皇之世，釐定《五經》，預修正義。事具《唐書》本傳及《藝文志》子注。○清儒多謂孔疏所引定本出於師古，劉文淇《左傳舊疏考證序》云："漢魏以來，校定書籍者，正復不少，即如北齊郎茂，于祕書省刊定載籍；隋蕭該，開皇初與何妥正定經史；又《劉焯傳》云：'焯與諸儒於祕書省考定群言。’是齊、隋之前，皆有定本。”自注云：《詩・關雎序》：“故正得失。”疏云：“今定本皆作正字。”《襄二十三年傳》：“申鮮虞之傳摯爲右。”疏云：“俗本多云申鮮虞之子，今定本皆無子字。”“皆”之云者，非一本之詞也。劉氏又立十驗以明之，文繁不錄。其所作《匡謬正俗》，雖未成之書，觀其據古本以釋零露之詩，卷一云：《鄭詩・野有蔓草》篇：“零露漙兮。”《詩》古本有水旁作“專”字者，亦有單作“專”字者，後人輒改爲之。“漙”字讀爲團圓之“團”，作辭賦篇什用之，遞相因襲，曾無疑者。按呂氏《字林》，雨下作專，訓云：“露貌，音上兖反。”此字本作䨎，或作漙耳，單作專者，古字從省。又上兖之音，與婉相類，益知呂氏之說可依，本非團義矣。據好本以解賈生之論；卷五云：賈誼《過秦》云：“嘗以十倍之地，百萬之衆，仰關而攻秦。秦人開關延敵，九國之師，逡遁而不敢進。”遁者，蓋取盾之聲，以爲巡字，當音詳遵反。此言九國地廣兵強，相率西嚮，仰形勝之地，泝函谷之關，欲攻秦室。秦人恃其險固，無懼敵之心，不加距閉，開關而待，然九國畏愞，自度無功，持疑不進，坐致敗散耳。後之學者，既不知“遁”爲“巡”字，遂改爲“遁逃”，因就釋云：九國初見秦閉關，謂其可勝，所以率兵來攻，忽見秦人開關，各懷恐懼，遂即奔走。故潘安仁《西征賦》云：“或開關而延敵，競遁逃以奔竄。”斯爲誤矣。若見秦開關遁逃而走，即應大被追躡，覆軍殺將，豈得但言不敢進而已乎？且書本好者今猶爲“逡遁”，不作“遁逃”也。○又云：揚雄《敘甘泉宫》云：“遊觀屈奇瓌瑋，非木摩而不雕，牆塗而不畫。”此言既甚屈奇瓌瑋，不合於上古之世摩而不雕、塗而不畫、采椽茅茨儉約之制耳。今之書本好者猶然。而後人輒於“非”字下加“一”字，讀云“瓌瑋非一”，竟不尋下句直云“木摩而不雕”，是何言歟！案：張守節《史記正義》論字例亦云：“《史》《漢》文字相承已久，有此古字，乃爲好本。”援《齊書》以辨野王之謬，又云：蕭子顯《齊書》云：“太祖在淮修理城，得一錫趺，大數尺。趺下有篆文，莫能識者。紀僧真曰：‘何須辨此文字，此自久遠之物，九錫之徵。’太祖曰：‘卿勿妄言。’”而顧野王撰《符瑞圖》，據子顯《齊書》錄此一條，錫趺謂“錫玦”，亦具寫子顯書語，但易“趺”字爲“玦”字，乃畫作玦形。按此趺者，謂若簨簴之趺，今之鐘鼓格下並有之耳，故其大數尺，而有篆文。安有論玦大小，直云數尺，爲道廣狹，爲舉麤細乎？又玦之體狀若半環，以何爲上，以何爲下，而云下有篆字，此之疏謬，不近人情。野王之於子顯，年載近接，非爲遼夐，且又趺之與玦，形用不同，若别據他書，容有異說，蕭氏乖戾，則失不在顧矣，豈書本誤乎？引宋集以明沈約之非。又云：熹，熾盛也，音與僖同，故後漢趙熹字伯陽，取此義耳。末世傳字，誤爲喜字，讀者不考，因呼爲憙。宋高祖婦之兄弟臧熹昆季二人，名從火、喜，亦音僖，今人又謬爲憙字，而讀之爲喜，皆失其意。沈約撰《宋書》,乃更爲憙制字,以配欣喜之名,是穿鑿也。余家所得《宋高祖集》作臧熹字,此明驗也。仰福之字從衣,卷六云:"副貳"之字,"副"字本爲"褔",從衣畐聲。今俗呼一襲爲一褔衣,蓋取其充備之意,非以覆蔽形體爲名也。然而書史假借,遂以"副"字代之,"副"本音"普力反",義訓剖劈,字或作"疈"。《詩》云:"不坼不副",《周禮》有"疈辜",並其正義也。後之學者不知有"褔"字,翻以"副貳"爲正體、"副坼"爲假借,讀《詩》"不坼不副",乃以朱點發"副"字,已乖本音。又張平子《西京賦》云"仰福帝居",《東京賦》云"順時服而設福",並爲副貳,傳寫訛舛,"衣"轉爲"示",讀者便呼爲"福祿"之"福",失之遠矣。祈褫之旁非帝。卷七云:張衡《東京賦》云"祈褫禳災",蓋謂求福而除禍耳。案《說文解字》曰:"褫,福也",《字林》音"弋尒反",字本作"褫",從"示"從"虒",音"斯"。從"虎"者故作"褫"耳。今之讀者不識"褫"字義訓,乃呼爲"神祇"之"祇",云求神而卻災。或改"褫"字爲"禘","禘"者,祭名,又失之也。凡厥匡正,咸有據依,斯固嗣響黄門,無慚家學者焉。其注班史也,稽譔群言,辨其同異;諸所徵引,二十三家。《漢書敘例》所載有荀悅、服虔、應劭、伏儼、劉德、鄭氏、李斐、李奇、鄧展、文穎、張揖、蘇林、張晏、如淳、孟康、項昭、韋昭、晉灼、劉寶、臣瓚、郭璞、蔡謨、崔浩。○案《隋志》所載爲《班書音注》者,自師古所引二十三家外,有劉顯《漢書音》二卷,蕭該《漢書音》十二卷,包愷等《漢書音》十二卷,陸澄《漢書音》一卷,韋稜《漢書續訓》三卷,姚察《漢書訓纂》三十卷、《集解》一卷、《定漢書疑》二卷,項岱《漢書敘傳》五卷,闕名《漢疏》四卷,劉孝標、陸澄、梁元帝各有《漢書志》百餘卷,則梁有隋亡;《新唐志》又有諸葛亮《漢書音》一卷,此皆師古已前書,未見甄采者。至顏游秦之《漢書決疑》,近出一家,而師古未嘗有所稱引,則前人已譏其攘善矣。又案,《史通·正史篇》謂注《漢書》者二十五家。其敘例云:《漢書》舊文,多有古字,解說之後,屢經遷易。後人習讀,以意刊改,傳寫既多,彌更淺俗。今則曲覈古本,歸其真正。是其擇本之嚴,讎校之勤,良足多矣。

申陸第六

與祕監並世者，有陸君元朗，侍講承光，揚聲太學。見《唐書》本傳。撰《釋文》於陳季，《釋文》序："粵以癸卯之歲，承乏上庠。"丁小疋云："癸卯當陳後主至德元年，隋文開皇二年。"發駿辨於唐初。本傳云："高祖已釋奠，召博士徐文遠、浮圖慧乘、道士劉進喜各講經，德明隨方立義，徧析其要。帝大喜曰：'三人者誠辨，然德明一舉輒蔽，可謂賢矣。'"〇案：《釋文考證》謂元朗卒於高祖之初，非也。《舊書·儒學傳》謂貞觀初拜國子博士，許周生已辨盧說之誤。雖復朱游折角，戴憑奪席，無之過也。若其研精六籍，采摭九流，搜訪異同，校之《蒼》《雅》。《釋文》序。兩本俱用，二理兼通，悉並出之，以明同異；其涇渭相亂，朱紫可分，亦悉書之，隨加刊正；復有他經別本，詞反義乖，抑又存之，示博異聞。《釋文》條例。其所據之本，於《易》則有子夏等三十五家。子夏易傳，孟喜章句，京房章句，费直章句，馬融傳，荀爽注，鄭玄注，劉表章句，宋衷注，虞翻注，陸績述，董遇章句，王肅注，王弼注，姚信注，王廙注，張璠集解（二十二家），干寶注，黄穎注，蜀才注，尹濤注，費元珪注，荀爽九家集注，謝萬、韓伯、袁悦之、桓玄、卞伯玉、荀柔之、徐爰、顧歡、明僧紹、劉瓛十家繫詞注，王肅、李軌、徐邈三家音，王肅重見，凡三十五家。於《書》則有孔安國等十一家。孔安國傳、馬融注、鄭玄注、王肅注、謝沈注、李顒注、范甯集解、姜道盛集解、《尚書大傳》、孔安國、鄭玄、李軌、徐邈音，漢人不作音，後人所託，孔、鄭重見，實十一家。於《詩》則有鄭玄等十四家。《毛詩》鄭玄箋、馬融注、王肅注、謝沈注、江熙注、鄭玄《詩譜》（徐整暢，太叔裘隱）、孫毓《詩同異評》、陸璣《草木鳥獸蟲魚疏》、鄭玄、徐邈、蔡氏、孔氏、阮侃、王肅、江惇、干寶、李軌九家音，鄭三見，王重見，實十四家。於《周官》則有馬融等四家。馬融、鄭玄、王肅、干寶注，凡四家。於《儀禮》則有鄭玄等十一家。鄭玄注、又馬融、王肅、孔倫、陳銓、裴松之、雷次宗、蔡超、田儁之、劉道拔、周續之並注《喪服》，合鄭注凡十一家。於《禮記》則有盧植等六家。盧植注、鄭玄注、王肅注、孫炎注、業遵注、庾蔚之略解，凡六家。作《三禮》音者，復有鄭玄等十五家。作《三禮》音者，有鄭玄、王肅、李軌、劉昌宗等四家；作《周禮》《禮記》音者,有徐邈一家;作《周禮》音者,有王曉一家;作《禮記》音者,有射慈、謝楨、孫毓、繆炳、曹耽、尹毅、蔡謨、范宣、徐爰等九家,共十五家,又鄭、王俱重見。於《春秋左傳》則有士燮等十二家。士燮注春秋經、賈逵解詁、服虔解誼、王肅注、董遇章句、杜預集解、孫毓注、杜預釋例、服虔、高貴鄉公、稽康、杜預、李軌、荀訥、徐邈七家音,杜三見,服重見,實十二家。於《公羊》則有何休等六家。何休注、王愆期注、高龍注、孔衍集解、李軌、江惇兩家音,凡六家。於《穀梁》則有尹更始等九家。尹更始章句、唐固注、糜信注、孔衍集解、徐邈注、徐乾注、范甯集解、段肅注、胡訥集解,凡九家。於《孝經》則有孔安國等二十四家。孔安國、馬融、鄭衆、鄭玄、王肅、蘇林、何晏、劉邵、韋昭、徐整、謝萬、孫氏、楊泓、袁宏、虞磐佑、虞氏、殷仲文、車胤、荀昶、孔光、何承天、釋慧琳、王玄載、明僧紹二十四家注,先儒無爲音者。於《論語》則有鄭玄等二十一家。鄭玄注、王肅注、虞翻注、何晏集解、譙周注、衛瓘注、崔豹注、李充集注、孫綽集注、盈氏注、孟整注、梁覬注、袁喬注、尹毅注、江熙集解、張馮注、孔澄之注、虞遐注、王弼釋疑、欒肇釋疑、徐邈音,凡二十一家。於《老子》則河上公等二十八家。河上公章句、毋丘望之章句、嚴遵注、虞翻注、王弼注、鍾會注、羊祜解釋、范望注訓、王尚述、程韶集解、邯鄲氏注、常氏注、盈氏注、孟子注、巨生內解、袁真注、張嗣注、張憑注、孫登集注、蜀才注、釋慧琳注、釋慧嚴注、王玄載注、顧懽堂誥、闕名節解、劉遺民玄譜、想余注、戴逵音,凡二十八家。於《莊子》則有崔譔等九家。崔譔注、向秀注、司馬彪注、郭象注、李頤集解、孟氏注、王叔之義疏、李軌、徐邈二家音,凡九家。於《爾雅》則有犍爲舍人等六家。犍爲文學注、劉歆注、樊光注、李巡注、孫炎注、郭璞注,凡六家。其諸家音疏附著者不與焉。於《易》則有梁褚仲都、陳周弘正,並作《易義》;於《書》則費甝作義疏;於《詩》則崔靈恩集衆解爲《毛詩集注》,俗間又有徐爰《詩音》,吴興沈重亦撰《詩音義》;於三禮作音人有戚衮作《周禮音》,沈重作《周禮》《禮記》音,皇侃撰《禮記義疏》五十卷,又傳《喪服義疏》;於《左傳》則梁沈文何撰《春秋義疏》,闕下袟,陳王元規續成之,元規又撰《春秋音》;於《孝經》《論語》並有皇侃義疏;於《老子》有梁武帝父子及周弘正講疏,北學有杜弼注;於《爾雅》有梁沈旋集注、陳施乾、謝嶠、顧野王音。其爲書也,語皆有據,言必稱師。本傳云:"受學於周弘正。"其稱師,如《易》王弼注《釋文》云:"今本或無注字,師說無者非",需,有孚,光亨,貞吉,《釋文》於"光"下曰"師讀絕"句之類是。遠考宋齊,《條例》云:"《尚書》之字本爲隸古,既是隸寫古文,則不全爲古字,今宋、齊舊本及徐、李等音所有古字,蓋亦無幾。"多徵古本。《曲禮》:"不同柂枷。"《釋文》云:"本又作架,古本無此字。""稷曰明粢",《釋文》云:"一本作明梁,古本無此句。"(《孔疏》云:"隋祕書監王劭勘晉、宋古本,皆無'稷曰明粢'一句。"立八疑十二證,以無此一句爲是。)《左氏·僖十五年傳》曰:"上天降災。"《釋文》云:"此凡四十二字,檢古本皆無,尋《杜注》亦不得有,有是後人加也。"(《孔疏》云:"定本亦無。")《成十六年》"潘尫之黨",《釋文》云:"一本作潘尫之子黨,案注云:'黨,潘尫之子也。'則傳文不得有'子'字,古本此及《襄二十三年》申鮮虞之傅摯,皆無'子'字。"(《正義》本與古本同,無子字。)此類甚衆。窮通對舉,著《繫辭》之羨文;《易·繫辭下》:"易窮則變,變則通,通則久。"《釋文》云:"一本作'易窮則變,通則久。'"(《拜經日記》云:李氏《集解·雜卦》引干寶注作"易窮則變通則久",《長短經·是非篇》引《易》同,皆與陸氏所言合,可證晉、唐善本皆無"變則通"三字。案《正義》本已誤。)喜慍分陳,刊《檀弓》之累句;《禮記·檀弓》:"人喜則斯陶,陶斯咏,咏斯猶,猶斯舞,舞斯慍,慍斯戚,戚斯歎,歎斯辟,辟斯踴矣。"《釋文》於"慍斯戚"下云:"此喜慍哀樂相對,本或於此句上有'舞斯慍'一句。"並注:"皆衍文。"○《孔疏》云:"如鄭此《禮》本云:舞斯慍者,凡有九句,首末各四,正明哀樂相對,中央舞斯慍一句,是哀樂相生,故一句之中,有舞及慍也;而鄭諸本亦有無舞斯慍一句者,取義不同。而鄭又一本云:'舞斯蹈,蹈斯慍',益於一句,凡有十句,當是後人所加,亦不得對。而盧《禮》本又有舞斯慍之一句,而王《禮》本又長,云:'人喜則循,循斯陶。'既與盧、鄭不同,亦當新足耳。"《桑柔》稼穡,誤改由於子雍;《桑柔》:"好是稼穡,力民代食。"《釋文》:"家,王申毛音'稼',謂耕稼也;鄭作家,謂居家也。下句家穡爲實同。穡,本亦作嗇,王申毛謂收穡也;鄭云'吝嗇也',尋鄭家、嗇二字,本皆無禾者,下稼、穡卒庢始從禾。"○孔氏疏毛云:又教王用人之法,當愛好是知稼穡艱難之人,有功於民者,使之代無功者食天祿。"疏鄭云:"王既退賢者,使不及門,但好是居家吝嗇及聚斂作力之人,令代賢者處位食祿。"案:《毛傳》不釋"家嗇"之義,惟云力民代食,無功者食天祿也。王肅既讀"家嗇"爲"稼穡",又於無功者增"代"字,非也。說見臧氏《經義雜記》、段氏《詩經小學》。《江漢》附庸,謬加緣於《魯頌》。《江漢》:"錫山土田。"《釋文》云:"或作'錫之山川',土田附庸,是因《魯頌》之文妄加也。"○案:唐石經旁添"之"字、"川"字、"附庸"字。傳云:"諸侯有大功德,賜之名山土田附庸。"疏云:"此經無附庸。"傳云:"附庸者,以土田即是附庸。"定本、集注、《毛傳》皆有"附庸"二字,此孔氏謂傳之"附庸"二字定本、集注有,而他本無之也。范宣士匄,以字推名;襄三十一年《左傳》:"寡君使丐請命。"《釋文》:"丐,本又作匄,古害反,士文伯名也。今傳本皆作此字,或作正字,《釋例》亦然。解者云,士文伯是范氏之族,不應與范宣子同名,作正是也。案:士文伯字伯瑕,又春秋時人名字皆相配,楚令尹陽匄字子瑕,即與文伯名字正同;又鄭有駟乞字子瑕,匄與乞義同,則作匄者是。又案:魯有仲嬰齊,是莊公之孫,又有公孫嬰齊,是文公之孫,仲嬰齊於公孫嬰齊爲從祖,同時同名。鄭有公孫段,字子石,又云伯石,印段字子石,傳又謂之二子石,然印段即公孫段從父兄弟之子,尚同名字,伯瑕與宣子,何廢同乎!"〇《昭六年傳》:"士匄相士鞅。"《釋文》:"今傳本皆作士匄相士鞅,古本士匄或作'王正',董遇、王肅本同。學者皆以士匄是范宣子,即士鞅之父,不應取其父同姓名人以爲介,今傳本誤也,依'王正'爲是。王元規云:'古人質,口不言之耳,何妨爲介也。'案:士文伯是士鞅之族,亦名匄,無妨今相范鞅即文伯也。然士文伯名古本或有作正者,解見前卷《襄三十一年》。"〇案:孔氏《襄三十一年疏》云:"士匄,文伯名也。"晉、宋古本及《釋例》皆作"丐",俗本作"匄",此士文伯是范氏之別族,不宜與范宣子同名,今定本作"匄",恐非。《昭六年疏》云:"世族譜以王正爲雜人,諸本及王肅、董遇注皆作'王正',俗本或誤作士匄,此人不當與士鞅之父同姓名,而爲之介也。"孔前說分匄、丐爲二字已誤,後又曲徇王正譌文,皆陸元朗所譏者。阮氏《校勘記》謂陸、孔皆以"王正"爲是,何也?鄭閼、蔡申,因同見誤。《莊十六年傳》:"鄭伯治與於雍糾之亂者。九月,殺公子閼,刖強鉏。"《釋文》:"隱十一年鄭有公孫閼,距此三十五年,不容復有公子閼,若非閼字誤,則子當爲孫。"〇《哀四年經》:"盜殺蔡侯申。"《釋文》:"今本皆如此。案,宣十七年蔡侯申卒,是文侯也,今昭侯是其玄孫,不容與高祖同名,未詳何者誤也。"〇案:《孔疏》亦云:二申必有誤者,俱是經文,未知孰誤。又案:《昭二十三年傳》:"吳太子諸樊入郹。"《釋文》云:"吳子遏號諸樊,王僚是遏之弟子,先儒又以爲遏弟,何容僚子乃取遏號爲名,恐傳寫誤耳,未詳。"《孔疏》亦云:"吳子諸樊,吳王僚之伯父也,僚子又名諸樊,乃與伯祖同名,吳人雖是東夷,理亦不應然也。此久遠之書,又字經篆隸,或誤耳。"又《哀十年傳》:"吳延州來季子救陳。"杜注:"季子,吳王壽夢少子也。壽夢以襄十二年卒,至今七十七歲。壽夢卒,季子已能讓國,年當十五六,至今蓋九十餘。"《孔疏》引孫毓云:"季子食邑於州來,世稱'延州來季子',猶趙氏世稱趙孟,知氏世稱知伯。延州來季子,或是札之子與孫也。"予謂期頤將兵,事理所無,《釋文》無說。以至跣扶形異,《宣二年傳》:"遂扶以下。"《釋文》:"舊本皆作扶,服虔注作跣,今杜注本往往有跣者。"〇《孔疏》亦云:"服虔本扶作跣。"注云:"趙盾徒跣而下走。"痎疥義殊,《昭二十年傳》:"齊侯疥,遂痁。"《釋文》:"疥舊音戒,梁元帝音該,依字則當作痎。"《說文》云:"兩日一發之瘧也。痎音皆,後學之徒,僉以疥字爲誤。案傳例，因事曰遂，若痎已是瘧，何爲復言遂痁乎？"○《顔氏家訓·書證篇》云："齊侯痎，遂痁。《說文》云：'痎，二日一發之瘧。痁，有熱瘧也。'齊侯之病，本是間日一發，漸加重乎，故爲諸侯憂也。今北方猶呼痎瘧，音皆。而世間傳本多以痎爲疥，杜征南亦無解釋，徐仙民音介，俗儒就爲通云：'病疥，令人惡寒，變而成虐。'此臆說也。疥癬小疾，何足可論，寧有患疥轉作瘧乎？"《孔疏》云："後魏之世，嘗使李繪聘梁。梁人袁狎與繪言及《春秋》，說此事云：'疥當爲痎。痎是小瘧，痁是大瘧，疹患積久，以小致大，非疥也。'狎之所言，梁王之說也。《說文》：'疥，搔也；瘧，熱寒休作；痁，有熱瘧；痎，二日一發瘧。'今人瘧有二日一發，亦有頻日發者，俗人仍呼二日一發久不差者爲痎瘧，則梁王之言，信而有徵也。疥搔小患，與瘧不類，何云疥遂痁乎？徐仙民音作介，是先儒舊說皆爲疥遂痁，初疥後瘧耳。今定本亦作疥。"○案：疥遂痁，病疥而又益之以瘧也。間日一發之瘧，恒較頻日發者爲重，不得以由痎而痁爲加重也。陸云：舊音戒。孔云：徐仙民音作介，是先儒舊說皆爲疥遂痁，無作痎者。《晏子春秋·諫上篇》云："景公疥且瘧。"《說文》"痁"下引《左傳》亦作疥，皆可證。自梁元帝有此新說，而顔介、袁狎，遂爲所惑，皆誤也。王伯申《經義述聞》辨此甚詳。鄔鄢音乖，《昭二十八年傳》："晉祁勝與鄔臧通室。"《釋文》："鄔，舊烏戶反，又音偃。案地名在周者烏戶反，《隱十一年》'王取鄔留'，是也；在鄭者音偃，《成十六年》'戰於鄢陵'，是也；在楚者音於建反，又音偃，《昭十三年》'王沿夏將入鄢'，是也；在晉者音於庶反。《字林》乙祛反。郭璞《三倉解詁》音瘀，於庶反。闕駰音厭飫之飫，重言之。太原有鄔縣，唯周地者從烏，餘皆從焉。《字林》亦作隖，音同。傳云：分祁氏之田以爲七縣，司馬彌牟爲鄔大夫，即太原縣也。鄔臧宜以邑爲氏，音於庶反，舊音誤。"○陸氏心源云：鄔臧，各本皆作鄔，唐石經本亦作鄔，磨改作鄢，考《釋文》云云，必有譌奪，蓋烏戶反當讀上聲，乙祛反、於庶當讀去聲，今音有斂侈之別，古音則相同也。若鄢字則古今字書從未有云於庶反者。陸氏通儒，斷不瞶瞶至此，其云舊音誤者，蓋以烏戶反乃周地之鄔，而非晉地之鄔，此烏戶反之誤。偃乃鄢之正音，鄔則古今字書從無音偃者，此音偃之誤。謂鄔當讀去聲，非謂鄔當作鄢也。若陸氏本作鄢，則音偃爲不誤矣。或者曰：然則所云周地者從烏，餘皆從鄢，《字林》作隖，音同者，作何解歟？曰：此所謂必有譌奪也。陸氏原文必云：惟周晉地從烏，餘皆從焉，《字林》亦作隖，音同。其云《字林》亦作隖者，承上從烏言之也；云音同者，承上乙祛反言之也，作隖則不得有乙祛反矣。若陸氏所引本作隖，何不引於鄭地楚地之鄢字下，而引於晉地之鄔字下乎？必不然矣。傳寫者譌隖爲隖，又譌惟周晉地爲惟周地者，而陸氏之說遂不可通。許氏《說文》云："鄔，太原邑，從邑，烏聲；鄢，南郡縣，孝惠三年改名宜城,從邑、焉聲。”是許君以鄔爲晉地,而鄢爲楚地也。《漢書·地理志》:“太原郡鄔。”師古曰:“音一戶反,又於據反。”《續漢地理志》:“太原郡鄔。”劉昭注引徐廣曰:“於庶反。”是顏氏有上、去二讀,劉氏專讀去聲,皆不云字亦作鄢也。考之《釋文》本書,證之班固、許君、司馬彪之書,師古、劉昭之注,知晉地作鄔不作鄢明甚,而德明之不誤,亦昭然可見矣。然則古無作鄢之本歟?曰:有。《釋文》云:“又音偃。”作鄢之本也。鄔鄢二字多互譌,俗本有譌作鄢者,而音亦隨之耳,蓋《釋文》唐時已譌,石經據誤本《釋文》而改之,說者謂宜從《釋文》作鄢,此瞽說也。○案:《隱元年經》:“鄭伯克段於鄢。”《釋文》:“鄢,於晚反,又於建反,又於然反。”《成十六年經》:“戰於鄢陵。”《釋文》:“謁晚反,又於建反。”此皆鄭地之鄢也。而《史記·鄭世家》:“段出走鄢。”正義作鄔,音烏古反,云舊作鄢。趙匡《春秋集傳辨疑》引啖助說,鄢當作鄔,鄭地也。《左氏》曰:王取鄔留蔿邘之田于鄭,是也。此合鄭、周地爲一也。《昭二十七年》:“鄢將師爲右領。”《釋文》:“鄢,於晚反,又烏戶反。”亦二字易譌之例。《廣韻》鄔字三收,“模”韻云:“縣名。”“姥”韻云:“郡名,又姓,鄔郡太守司馬牟之後。”(案陸氏《切韻》、王仁煦《切韻》,“於”“姥”韻皆云:“縣名,在太原。”是《廣韻》郡乃縣之誤。《左氏·昭二十八年傳》:“司馬彌牟爲鄔大夫。”是《廣韻》鄔郡太守司馬牟,乃鄔大夫司馬彌牟之誤。)“御”韻云:“縣名,在太原,又音塢。”此皆謂晉地之鄔,作鄔不作鄢也。鄢字亦三收,“仙”韻云:“人姓。又鄢陵,縣名。又於晚切,亦作傿。”(案:鄢姓即鄢將師之鄢,亦作傿者,《漢志》潁川郡傿陵如此作。)“阮”韻云:“鄭楚地名。《左傳》曰:‘晉侯鄭伯戰于鄢陵。’”“願”韻云:“地名,在楚。”此謂晉楚之地,及鄢將師之鄢,不作鄔也。其周地作鄔,《釋文》不言有異,啖說亦妄。淮坻韻合。《昭十二年傳》:“有酒如淮,有肉如坻。”《釋文》云:“淮,舊如字。”學者皆以淮、坻之韻不切,淮當爲濰。濰,齊地水名,下稱澠亦齊國水也。案:澠是齊水,齊侯稱之。荀吳既非齊人,不應遠舉濰水。古韻緩,作淮足得,無勞改也。○案:謂淮坻非韻,乃劉炫《規杜》語,《孔疏》亦辨之。淮濰皆佳聲,同在《段表》十五部,陸謂無勞改,是也。驂靳益有,《定九年傳》:“吾從子如驂之靳。”《釋文》云:“或作如驂之有靳,非也。”○《經義述聞》云:“作有靳者是也。陸本脫去有字,反以有有字者爲非,誤矣。杜注云:靳,車中馬也。猛不敢與書爭,言己從書,如驂馬之隨靳也。正義云:《說文》:靳,當膺也。則靳是當胸之皮也。驂馬之首,當服馬之胸,胸上有靳,故云我之從子,如驂馬當服馬之靳。若云如驂之靳,則文不成義矣。《秦風·小戎釋文》:沈重引《左傳》:如驂之有靳。《鄭風·太叔于田正義》引此,亦作如驂之有靳。”○案:此自兩本兼行,陸從無有字者,蓋之有與義,如驂之靳,猶言如驂與靳,王氏《述聞》於《周禮》作其鱗之而、《禮記》措之于參保介之御間，皆訓之爲與，又著其說於《釋詞》，何於此而忘之耶？責禮沾無。《僖二十七年傳》："秋，入杞，責無禮也。"《釋文》作"責禮也"，云："本或作責無禮者，非。"〇案：注云："責不恭也。"若本有無字，則注爲贅說矣。漢水文增，《僖四年傳》："楚國方城以爲城，漢水以爲池。"《釋文》作"漢以爲池"，云："本或作'漢水以爲池'，'水'衍字。"〇《經義雜記》云："方城者山名，漢者水名，漢不言水，猶方城不言山也。"《經義述聞》云："臧說是也，他書所引多作漢水以爲池，蓋後人依已衍之傳文加之也。《商頌·殷武正義》引服注云：'方城，山也；漢，水名。'若傳文本作漢水，則服注爲贅語矣。自唐石經依或本加水字，而各本皆沿其誤。"夫差字衍。《哀元年傳》："子西曰：'夫先自敗也已，安能敗我？'"《釋文》："夫音扶，本或作夫差先自敗者，非。"〇案：《楚語》文略同，宋公序本無差字，明道本有差字，《說苑·權謀篇》亦有差字，夫猶彼也，文義甚明，故陸以有差字爲非。會嬴之月，辨加王於春正之閒；《桓三年經》："春正月，公會齊侯於嬴。"《釋文》：經三年正月，從此盡十七年，皆無王，唯十年有，二傳以爲義，或有王字，非。城郟之歲，審脫編於後年之首。《襄二十六年傳》："會於夷儀之歲，齊人城郟。"《釋文》云："此傳本爲後年修成，當續前卷二十五年之傳後，簡編爛脫，後人傳寫，因以在此耳。"〇《杜注》於下文"成而不結"下云：傳爲後年修成起本，當繼前年之末，而特跳此者，傳寫失之。《孔疏》云：丘明作傳，使文勢相接，爲後年之事，而年前發端者多矣。《文十年傳》云"厥貉之會，麇子逃歸"，《十一年》云"楚子伐麇"，《宣十一年傳》云"厲之役，鄭伯逃歸"，《十二年》而云"楚子圍鄭"，皆傳在前卷之末，豫爲後卷之始。此爲後年修成發其前成不結，其事與彼相類，不宜獨載卷首，知其當繼前年之末也，而特跳出在於此卷之首者，是傳寫失之也。〇案：《經義雜記》謂杜以爲傳寫失之，語欠分曉，陸氏所言爲是。而今本注疏皆繫於二十五年之末，則陸與杜、孔所論，皆爲無端。臧在東云："嚴久能貽我不全宋本《左傳》三册，上册題襄五第十八，此傳正在二十六年之首。"如斯之類，遽數難終，實經義之鄧林，校讎之準的也。若其學自南方，不廢北本，許周生記南北學云："陸元朗南方學者，《釋文》不獨創始於陳後主元年，其成書亦在未入隋以前，《敘錄》中於王曉《周禮音注》云：'江南無此書，不詳何人。'又於《論語》云：'北學有杜弼注，世頗行之。'其書中引北音，止一再見，北方大儒，如徐遵明諸人，皆不一引。"臧在東《拜經日記》云："《釋文》所據音義，南學爲多，間載北方學者之說，則稱北以別之。如《天官·醢人》'茆'下云：'音卯，北人音柳'；'箈'下云：'音怠，當來反。沈云：北人音禿改反'。《宗伯·瞽矇》'怵懼'下云：'勑律反，北本作休。'《考工·玉人》'鹿車繹'下云:'劉府結反,沈音畢,云:劉音非也。'案:北俗今猶有此語,音如劉音,蓋古語乎?"綜許、臧之論,雖不慊於陸氏之詳南略北,而元朗具艸之時,限於方域,王曉、杜弼之書,蓋由輾轉得之,猶著於錄《周官釋文》,明徵此本,固未嘗有黨伐之見也。其不取徐遵明諸人説,則入北之時,《釋文》已行,不及追改耳。《論語》則兼存魯讀,《釋文》載《論語鄭注》引魯讀二十四事。《周易》則時載古文。《釋文》於泰、豫、坎、離、姤、既濟六卦,皆引古文,蓋《費易》殘本之僅存者。扶微之功,尤不可沒。視孔沖遠之多襲舊疏,劉文淇有《左傳舊疏考正》,劉毓崧有《易》《尚書舊疏考正》。不去葛龔,如《舜典疏》云"大隋造律"、《呂刑疏》云"大隋開皇之初,始除男子宫刑"之類,皆隋人之筆,胡敬《五經義疏得失論》辨之。識不逮陸,具如昔論。説見臧氏《經義雜記》。惜乎!《尚書》意義,則見滑於宋人;《文獻通考·經籍考》引《崇文總目》云:"始開寶中,詔以德明所釋乃《古文尚書》,與唐明皇所定今文駁異,令陳鄂删定其文,改從隸書,蓋今文自曉者多,故音切彌省。"○敦煌所出《尚書釋文》殘本,即未改者。《孝經釋文》,復被淆於唐注。説詳《經義雜記》。斯亦不能無憾矣。

議孔第七(闕)

擇本上第八

自竹帛傳譌,漆書賄改,典籍莫正,爰刜石經。《後漢書·靈帝紀》:熹平四年,詔諸儒正《五經》文字,刻石立太學門外。《儒林傳》序:自本初後,遊學增盛,太學至三萬餘生。然章句漸疏,而多以浮華相尚,儒者之風蓋衰矣。黨人既誅,其高名善士多坐流廢,後遂至忿爭,更相言告,亦有私行金貨,定蘭臺漆書經字,以合其私文。熹平四年,靈帝乃詔諸儒正定《五經》,刊於石碑。李巡首其議,《後漢書·宦者傳》:"巡以諸博士試甲乙科,爭第高下,更相言告,至有行賂定蘭臺漆書經字,以合其私文者,乃白帝,與諸儒共刻《五經》文字於石,於是詔蔡邕等正其文字。自後《五經》一定,爭者用息。"則石經由李巡創議也。蔡邕董其書。《後漢書·蔡邕傳》:邕以經籍去聖久遠,文字多謬,俗儒穿鑿,疑誤後學,熹平四年,乃與五官中郎將堂谿典,光祿大夫楊賜,諫議大夫馬日磾,議郎張馴、韓說,太史令單颺等,奏求正定《六經》文字。許之,邕乃自書册於碑,使工鐫刻,立於太學門外。於是後儒咸取正焉。凡與斯文,悉標姓字。陸機《洛陽記》云:"《禮記》碑上有諫議大夫馬日磾、議郎蔡邕名。"又云:"太學贊碑載蔡邕、韓說、堂谿典等名。"(見《蔡邕傳》注、《水經·穀水注》引。)《隸釋》載《公羊》殘石有□谿典、諫議大夫臣馬日磾、臣趙䬸、議郎臣□□、臣劉弘、郎中臣張文、臣蘇陵、臣傅楨;《論語》殘石有博士臣左立、郎中臣孫表。又云:工陳興刻。《東觀餘論》所記略同。洛陽新出殘石有劉寬、堂谿典諸人名,又有諸經博士、郎中姓名。其見於載記也,經目既有多寡,范書《靈帝紀》、《儒林傳序》、《盧植傳》、《宦者傳》皆云《五經》,而《張馴傳》云,與蔡邕共奏定《六經》文字,與《邕傳》合。《隋書·經籍志》載一字石經《周易》《尚書》《魯詩》《儀禮》《春秋》《公羊》《論語》(《唐志》無《魯詩》),凡七目。《洛陽記》及《洛陽伽藍記》云四部,見下。碑數復有參差。陸機《洛陽記》云:"碑凡四十六枚。"《洛陽伽藍記》云:復有石碑四十八枚,亦表裹隸書,寫《周易》《尚書》《公羊》《禮記》四部,又讀書碑一,竝在講堂。《北齊書·文宣帝紀》:天保元年八月詔云:往者文襄皇帝所建蔡邕石經五十二枚,即宜移置學館,依次修立。○案《隋志》及他書所載,以《洛陽記》爲名者甚衆,《邕傳》李注所引《洛陽記》,不標士衡之名,依《光武紀》注引陸機《洛陽記》,與《邕傳》注所引首數語同,《水經·穀水》注引陸機言太學贊別一碑在講堂西,下列石龜，碑載蔡邕、韓說、堂谿典等名，太學弟子贊復一碑在外門中，亦與此文相類，知此爲士衡作。《伽藍記》不云四碑爲漢石經，以其言隸書知之，其誤以三字石經爲漢立，說見下。參校諸書，證其同異。經則名五實七，《隋志》載一字石經七種，《隸釋》所列漢石經殘碑有《尚書》《魯詩》《儀禮》《公羊》《論語》，今洛陽出土漢石經殘石有《易》《詩》《儀禮》《春秋》《公羊》《論語》，與《隋志》七經之目合。其云六經者，《春秋》經傳皆用《公羊》，合而爲一，故云六也。其云五經者，《論語》本爲傳記，不在六藝之科，故云五也。《洛陽記》及《伽藍記》《御覽》引戴延之《西征記》，所載皆有《禮記》。案范書《盧植傳》云："時始立太學石經，以正《五經》文字。植乃上書曰：'臣少從通儒故南郡太守馬融受古學，頗知今之《禮記》特多回穴，臣前以《周禮》諸經，發起粃繆，敢率愚淺，爲之解詁，而家貧，乏力供繕寫上。願得將能書生二人，共詣東觀，就官財糧，專心研精，合《尚書》章句，考《禮記》得失，庶裁定聖典，刊正碑文。'"則《禮記》未嘗勒石也。《邵氏聞見後錄》謂洛陽張氏發地所得有《禮記》，桂馥謂前人通稱《儀禮》爲禮記，《采蘩箋》引《少牢饋食禮》稱《禮記》，《爾雅·釋詁》注引《士相見禮》、《釋言》注引《有司徹》、《釋草》注引《喪服傳》，亦皆云《禮記》，則士衡所云《禮記》謂《儀禮》，非《戴記》也。碑則四十有六。《洛陽記》云："碑四十六枚。西行，《尚書》《周易》《公羊》，備十六碑存，十二碑毀。南行，《禮記》十五碑悉毀。東行，《論語》三碑，二碑毀。"《伽藍記》謂石碑四十八枚，表裏隸書，《周易》《尚書》《公羊》《禮記》者，八乃六之誤。陸機不言《春秋》者，《春秋》《公羊》爲一也。羊衒之並不言《論語》者，以其非經也。其不言《魯詩》，則記載之誤。王國維作《魏石經考》，推漢石經字數，謂西行二十八碑，當有《魯詩》，是也。《北齊書》云五十二枚者，蓋誤合魏文帝《典論》六碑記之也（《典論》六碑，亦見《水經注》及《伽藍記》）。《隋志》載一字石經《典論》一卷，《典論》非經，以其爲一字，遂得斯名，故《齊書》誤以爲一字石經也。復附列經本之殊，開後人校記之體。《隸釋》載《公羊》殘碑有校記云，傳桓公二年顏氏有所見異辭所聞異辭云云，凡三條；《論語》殘碑有校記云，而在於蕭牆之內，蓋毛、包、周無於，其上二條殘闕。又新出土《魯詩》殘石，亦有校記，文雖殘闕，而其言皆記齊、韓與《魯詩》異同，約略可辨。《論語》亦有校記，存言黑及且在封數字。其異於今本者，《周易》則先心非洗，《繫詞》："聖人以此洗心。"《釋文》云："王肅、韓悉禮反，京、荀、虞、董、張、蜀才作先，石經同。"此所引正熹平石經也。舍車作轝。《賁》初九："賁其趾，舍車而徒。"新出土殘石存"轝而徒"三字，車作轝。案《釋文》云："車，音居。鄭、張本作輿，從漢時始有居音。"剝下衍之，《剝》六三："剝之无咎。"殘石無之字。《釋文》作"剝无咎"，云："一本作剝之无咎,非。"用獄無也。《噬嗑》卦辭云:"噬嗑,亨,利用獄。"又《彖》云:"雖不當位,利用獄也。"又初九爻辭云:"履校滅趾。"殘石存"用獄初九履校"六字,疑《彖》傳"利用獄"下無"也"字,竊又疑此"利用獄"三字乃卦辭,下接初九爻辭,高貴鄉公所謂《彖》象不與經連者也。《尚書》則憸民之爲散民,《盤庚》:"相時憸民。"《隸釋》載石經作相□散□,段氏《說文注》云:"古文作憸,今文作散,異字同音。"老侮之爲翕侮,《盤庚》:"汝無老侮成人。"(依唐石經)《隸釋》載石經作"女母翕侮成人",《東觀餘論》同。段氏《尚書撰異》曰:"翕侮,猶狎侮也。"孚命之爲付命,《高宗肜日》:"天既孚命正厥德。"《隸釋》作"天既付"(下闕),《東觀餘論》同。《史記·殷本紀》作附,《漢書·孔光傳》引此亦作付。鯀陻之爲鯀伊。《洪範》:"鯀陻洪水。"《隸釋》載石經□伊鴻水,馮登府云:"《史記》作'禹抑鴻水',《孟子》同。伊、抑一聲之轉。"《詩》則虺靁之作虺靁,《邶·終風》:"虺虺其靁。"新出石經作靁,《廣雅·釋天》:"靁,雷也、"《廣韻六·脂》:"靁,雷也,出《韓詩》。"是《韓》《魯》同。貫女之作宦女,《魏·碩鼠》:"三歲貫女。"《隸釋》載石經作"三歲宦女"。案:宦即宦御之宦。綠竹之作綠薄。《衛·淇澳》:"綠竹猗猗。"《釋文》云:"《韓詩》作薄,音徒沃反,云:'薄,篇築也。'"石經同。青衿之作青裣。《鄭·子衿》:"青青子衿。"王伯厚《詩考》云:"漢石經作'青青子裣',《說文》:'裣,衽也。'無衿字,又:'紟,衣系也。'義別。"《儀禮》則奠下無爵,《鄉飲酒禮》:"坐奠爵於篚。"新出殘石作"坐奠於匪"。案:今本鄭注云:"今文無奠。"疑無奠乃無爵之誤。此文云:賓降,主人坐奠爵於階前,辭坐,主人取爵興,適洗,南面,坐奠於篚。上言取爵,則所奠爲爵可知,故今文無爵字。若作"坐爵於篚",則文義不明矣。徐養原、胡承珙知其不可通,徐疑當云今文無奠爵於篚下,注脫四字耳,其說甚妄;胡疑當云今文無奠下爵,傳寫脫下爵二字,其記近是,惜不得見此殘石耳。篚不從竹;見上。案:《說文》:"匪,器似竹筐;篚,車令也。"二字義别,此作匪,用本字。遵者作僎,《鄉飲酒禮》:"遵者降席。"新出殘石作"僎者降席"。案,鄭此注云:"今文遵爲僎。"《鄉射禮》"大夫若有遵者"注同。《禮記·少儀》:"介爵僎爵皆居右。"注:"《古文禮》僎作遵。"《鄉飲酒義》"介僎"注同。媵觚非騰。《大射儀》:"媵觚于賓。"注:"古文媵皆作騰。"案《燕禮》"媵觚于賓"注云:"今文媵皆作騰。"兩注互異。胡承珙疑《燕禮》注是,《大射儀》注誤,徐養原據石經作媵,知今文作媵,古文作騰。案《隸釋》載媵觚及下文兩媵爵皆作媵,不作騰,胡氏說非是,當以《大射儀》注爲正,《燕禮》注今文乃古文之誤。《春秋公羊》則鄭伯之名爲絚,《成四年經》:"鄭伯堅卒。"

《釋文》作臤,云:"苦刃反,本或作堅。"疏云:"《左氏》作臤,《穀梁》作賢字(今本誤堅),今定本亦作堅字。"案,原本《玉篇·系部》:絙,古牛、古兩二反。《公羊傳》成公四年,鄭伯絙卒,絙乃綎之誤。大廣益本又脱"公羊傳"三字,新出《公羊》殘石正作綎。州滿之字非蒲。《成十八年經》:"晉弑其君州蒲。"今三家經本並同,新出殘石作州滿。案《左傳》成十年五月,晉立太子州蒲以爲君。《釋文》:"州蒲,本或作州滿。"是舊有作"滿"之本也。《孔疏》於經文五月公會晉侯注太子州蒲下云:"漢末應劭作《舊君諱議》,云:'昔者周穆王名滿,晉厲公名州滿,又有王孫滿,是同名不諱。'則此爲'州滿',或爲'州蒲'誤耳。"是漢人所見《春秋》作"州滿"也。《史記·十二諸侯年表》《晉世家》皆作壽曼,壽之與州、滿之與曼,音皆相近,若作蒲則與史文不合矣。《史通·五行雜駁篇》:"州滿既死。"子玄自注云:"今《春秋左氏》本皆作州蒲,誤也,當爲州滿,事具王劭《讀書志》。"碏作踖則合於許書,《隱四年傳》:"石碏立之。"《隸釋》載石經作踖,《說文》有踖無碏,惠氏《古義》謂當從石經。昉作放亦同於《鄭譜》。《隱五年傳》:"始僭諸公,昉於此乎?"《隸釋》載石經作放,案隱二年始滅昉於此乎,注:"昉,適也,齊人語。"《徐疏》云:"胡毋生齊人,故知之。"若《鄭譜》云"然則詩之道,放於此乎"之類,惠氏《古義》謂考范注昉讀如放於此乎之放,則漢時《公羊》昉皆作放。馮登府以爲作昉者胡毋生本,石經作放是嚴氏本,鄭君所習爲嚴氏本,與何異。《論語》則抑與之抑爲意,《學而篇》:"抑與之與?"《隸釋》載石經作意予之與,《東觀餘論》同。馮登府曰:意通噫,《周頌·噫嘻》,定本作《意嘻》;《小雅》"抑此皇父",箋:"抑之言噫。"徐邈音抑爲噫。《韓詩》:"抑,意也。"《釋詁》注:"與,猶予也。"孝乎之乎爲于,《爲政篇》:"《書》云孝乎惟孝。"《隸釋》載石經乎作于,《東觀餘論》同。案《釋文》:"孝于,如字,一本作孝乎",皇侃《義疏》本正作于。《呂氏·審應篇》:"然則先王聖于。"高注:"于,乎也。"樊遲之字作遟,又樊遟曰,《隸釋》載石經遲作遟。案,遟即籀文遲字。子贛之文非貢。子貢字,《隸釋》載石經《學而》《爲政》二篇各一見,《子張》篇五見,皆作贛。案:《樂記》作贛,《爾雅》《說文》皆云:贛,賜也。名字正相應。何而德衰之句,有類乎莊生;《微子》篇:"何德之衰,往者不可諫,來者猶可追。"《隸釋》載石經作何而德之衰也,往者不可諫也,來者猶可追也。案:《莊子·人間世》篇作何如德之衰也,而與如通,說見《釋詞》。萬方有罪之言,則隣乎墨子。《堯曰》篇:"萬方有罪,罪在朕躬。"《隸釋》載石經罪字不重。馮登府曰:皇本、高麗本亦作萬方有罪在朕躬,與石經合。馬應潮曰:"《墨子·兼愛篇》:'萬方有罪,即當朕身。'《國語》引《湯誓》

云:‘萬夫有罪,在余一人。’俱不重罪字。”其他文字之異,不可殫論。《隸釋》所載石經《尚書》殘碑五百四十七字,《魯詩》殘碎《國風》百七十三字,《儀禮》殘碑《大射儀》四十五字,《公羊》殘碑三百七十五字,《論語》殘碑九百七十一字;《隸續》載《儀禮》殘碑《聘禮》三十一字(《東觀餘論》《廣川書跋》所記皆較洪氏爲略)。有洪氏蓬萊閣刻本,越州石氏刻本(元吾丘衍《學古編》謂蓬萊閣本破闕磨滅,不異古碑,今亡矣。清孫退谷所藏爲越州石氏本),翁方綱得黄秋盦、錢梅谿及如皋姜氏本刻於南昌府學,後作《漢石經殘字考》。錢氏《履園叢話》則謂得雙鉤本於明刻《管子》中,親自刻石。翁、李(亨特,刻於紹興府學)、如皋姜氏、吳門劉氏,皆從所刻再模。後又於《管子》中得《論語》殘字三十八,則翁氏不及補鐫矣。又有陳雪峰刻本,顧澗蘋有跋,載《思適齋集》。近年出土者有敘表殘石二,又有《易》《詩》《儀禮》《春秋公羊》《論語》殘石,皆有拓本,若唐張參《五經》文字所載石經字體之異於《說文》者尤衆。《廣韻》“斗”下云:“石經作斗。”亦漢石經。欲考今文博士之業者,固當視若球圖矣。《隋志》云:梁有今字石經《鄭氏尚書》八卷,亡;又梁有《毛詩》二卷,亡。案漢石經皆今文。《書正義》序云:今文則歐陽、夏侯三家之所説,蔡邕碑石刻之。又《堯典》第一下疏云:檢古本並石經直言《堯典》第一,無《古文尚書》,則漢石經不得有《鄭氏尚書》,《毛詩》亦然。全謝山據《王肅傳》注引《魏略·儒宗傳序》,謂黄初補刻,説近是。全氏又謂《魯詩》及《春秋》經文爲黄初補刻,則大謬。

石經之刻,一字著於熹平,《水經注》云:光和六年,刻石鏤碑。楊慎、趙蛹以光和爲初刻,熹平爲再刻,杭大宗已辨之。三體備於正始。《後漢書·儒林傳序》:以熹平石經爲三體。《洛陽伽藍記》、《魏書·崔光傳》、《劉芳傳》、《經典釋文》、《隋書·經籍志》、《集古錄目》、《廣川書跋》、《東觀餘論》、萬斯同《石經考》,皆爲所誤。《水經注》以三體爲魏石經,《邵氏聞見後錄》、《金石錄》、《畫墁錄》、《隸釋》等書皆從之。今則此事大明,不煩具説矣。或云:書自邯鄲;《魏書·江式傳》:邯鄲特善《蒼》《雅》,許氏字指,八體六書,精究閑理,以書教諸皇子,又建三字石經於漢碑之西。《北史》同。衛恒《四體書勢》則云:“魏初傳古文者出於邯鄲淳。恒祖敬侯寫淳《尚書》,後以示淳,而淳不別。至正始中立三字石經,轉失淳法,因科斗之名,遂效其形。”《水經注》同。胡身之《通鑑注》,謂漢元嘉元年度尚命邯鄲淳作曹娥碑,時淳已弱冠。自元嘉至正始九十餘年,則三字石經非淳書也。杭氏《石經考異》云:“或寫於黄初,而刻於正始,亦未可定。”章氏《新出土三體石經考》云:“淳書獨步漢魏,嘗寫壁經,而弟子迻以入石,其筆法淵茂,弟子所不能至,故云轉失淳法,非謂字體有失也。”或云:出於中散。《世説·

言語篇》注引嵇紹《趙至序》云：先君在太學寫石經古文。《晉書・趙至傳》："詣洛陽，遊太學，遇嵇康於學，寫石經。"葉奐彬據此以爲嵇康手筆。章氏云："嵇康寫石經古文者，乃就石迻寫，非書以上石也。"案《晉書載記・石季龍》：遣國子博詣洛陽寫石經。亦謂臨寫，非寫以上石也。經則二部，《御覽》引戴延之《西征記》及《洛陽伽藍記》，載三體石經爲《尚書》《春秋》二部，《隋志》所載同。兩《唐志》則又有《左傳》。《隸續》載蘇望所刻，亦有《左氏桓公傳》。案古經雖與傳別行，而漢石經已並《公羊》經、傳爲一經，故《春秋左傳》亦一經也。石則卅五。《西征記》云三十五碑，《伽藍記》同（今本三譌二）。《水經注》作四十八，王氏《魏石經考》以爲誤。其石表裏刻字，每行六十字，章氏推計每面三十二行，王氏推卅，每面三十五行。二經具有全文，傳惟至莊而止。王氏以石數三十五計之如此。或謂《左傳正義》引石經古文"魯"作"炭"、"虞"作"𢘓"，謂唐叔事在《昭公傳》，則石經《左傳》下至昭公。予謂《書》有《虞書》，及有鰥在下曰虞舜，《春秋經》有虞師虞公，其古文作𢘓，故孔氏云然，非必見《昭公傳》也。若夫恕先所錄，英公所集，蘇望所摹，洪适所記，孫氏考訂於前，孫星衍《魏三體石經遺字考序》云："就《隸續》所載，理而董之，證以經典字書，爲之音釋。又得嚴孝廉可均、洪明經頤煊互相是正。既成，寄顧茂才廣圻，於江陵刊刻。"馮氏補正於後。馮登府《魏石經考異》云："孫淵如前輩分别《尚書》《春秋》文，各釐而正之，究有未盡合者，仍照原文爲校證以存之。"今洛陽所出，倍於《隸續》；《隸續》所記，古文三百七，篆文二百十七，隸書二百九十五，凡八百一十九字。今新出殘石約千八百字。章、王所釋，略具端倪。雖碑石斷爛，似難取以校經；而古篆昭明，實有輶於說字，洵可考倉沮之遺型，補汝南之罅漏矣。《隋志》云："後魏之末，齊神武執政，自洛陽徙於鄴都，行至河陽，值岸崩，遂沒於水。其得至鄴者不盈大半。至隋開皇六年，又自鄴載入長安。"案《隋志》語多誤。遷鄴事見《魏書・孝靜紀》，而《周書・宣帝紀》：大象元年徙鄴城石經於洛陽。安得自鄴載入長安邪？《隋書・劉焯傳》云："運洛陽石經至京師，文字磨滅，莫能知者。"則石經轉徙至長安而盡毀。今洛陽出土者文字未嘗磨滅，蓋毀於士衡之前，沈薶地中者也。嗣是典午有裴頠之奏，而磨勒未施；《晉書・裴頠傳》：奏修國學，刻石寫經。拓跋有佛狸所刊，亦傳聞匪實。《南齊書・魏虜傳》：佛狸於城西三里刻石，寫《五經》及其國記於鄴。杭大宗以爲傳聞之誤。故靡得而述焉。

魏代刻經，勝流臨寫；唐人勒石，名儒不窺，《舊唐書・文宗紀》：開成二年,鄭覃進石壁《九經》一百六十卷。又云:石經立後數十年,名儒皆不窺之,以爲蕪累甚矣。優劣判矣。昔明皇作注,始著石臺;《金石錄》:唐明皇《孝經》四卷,天寶四載九月八分書。《書錄解題》:唐明皇《孝經注》一卷。始刻石大學,御八分書,有祭酒李齊古所上表及答詔,且具宰相等名銜,號爲《石臺孝經》。司業校文,爰書牆壁。劉禹錫《國學新修五經壁記》云:"初大曆中名儒張參爲司業,始詳定《五經》,書於論堂東西廂之壁。"非鑱石也。文宗之世,創立石經,時則鄭覃建言,《新唐書・鄭覃傳》:始覃以經籍刓謬,博士淺漏,不能正。建言願與鉅學鴻生共力讎勘,準漢故事。詔可,乃表周墀、崔球、張次宗、孔溫業等是正其文,刻於石。玄度覆定。《舊唐書・文宗紀》:又令翰林勒字官唐玄度復校。《唐會要》:太和七年二月五日敕唐玄度覆定石經字體。字體既乖師法,《舊唐書・文宗紀》。經文復紊舊章。如《禮記・月令》以明皇注升列首章,《尚書・鴻範》"無偏無陂"、"曰蒙曰驛"從明皇、衛包改本之類。加以乾符修改,後梁補闕,宋人旁注,明代妄刊,故崑山顧氏,力詆其謬。《金石文字記》。然其時去古未遠,或有據依,持較今書,實多勝義。《周易》則裒多非裒,《易・謙卦》:"裒多益寡。"石經裒作褎,顧氏以爲誤。錢大昕云:"裒字《說文》所無,當作褎。"馮登府云:"《爾雅・釋詁》:裒,聚也。陸德明《音義》:古本作褎。"嚴可均云:"《五經文字》亦但有褎字。"毛居正《釋文正誤》謂褎作褎誤。是宋監本《釋文》正作褎,與石經合。《釋文》:荀、董、蜀才作桴,褎從衣係省聲。采與孚同,是褎與桴通。《藝文類聚》卷二十一引《詩》"原隰褎矣",《玉篇》《說文繫傳》引作"桴矣",此褎與桴通之證,不誤。力少非小。《繫辭》:"力小而任重。"石經小作少,顧氏以爲誤。《養新錄》云:《周章傳贊》注引《易》,與石經同。《三國志・王修傳》注引《魏略》:力少任重。《漢書・王莽傳》:'自知德薄位尊,力少任大。'今本少作小,惟北宋景祐本是少字。《尚書》則孫上有子,《盤庚》:"作丕刑於朕孫。"石經作于朕子孫,顧氏以爲誤。傳云:作大刑於我子孫,是經有子字。亂下無臣。《泰誓》:"予有亂臣十人。"顧云:"先脫臣字,後旁注。"嚴可均云:案《左傳・襄二十八年》:武王有亂十人,《昭二十四年》:余有亂十人,《論語》:予有亂十人,與書凡四見,既校定,又覆定,又詳定,皆無臣字。《論語釋文》云:本或作亂臣十人,非。而《書》《左傳》不著,是陸所見本惟《論語》或有臣,因駁之。至乾符勘定,增此臣字,而《昭傳》《論語》亦增臣,惟《襄傳》不增臣,版本沿之,三有臣,一無臣。監本、毛本並《襄傳》亦有臣,皆衍文也。案劉敞《七經小傳》據誤本,謂子無臣母之理,《易》文母爲邑姜,朱子《論語注》《尚書》蔡傳皆從之。蘇子瞻作太皇太后挽詞,亦有允矣才難十亂臣之句,皆誤也。《毛詩》則慢受之作憂受,《詩·陳風·月出》:"舒慢受兮。"石經慢作憂,顧氏以爲誤。馮登府曰:《説文·夊部》:憂,和之行也;《心部》:㥑,愁也。慢,傳訓舒,正與叔重訓和之義合,《説文》無慢字,宜從憂。嚴可均云:"案在沒字處莫辯。"翛翛之作脩脩。《豳風》:"予尾翛翛。"石經作"脩脩",顧氏以爲誤。錢氏《養新録》云:"宋光堯御書亦作'脩脩'。"岳珂《九經三傳沿革例》云:"監本、蜀本、越本皆作'脩脩',興國本及建寧本皆作'翛翛'。"是宋刻"翛翛"二字各本互異。朱文公閩人,所據必建寧本,自朱《傳》行,而世遂不復知有"脩脩"之本矣。《説文·羽部》無"翛",當以"脩"爲正(臧在東云:"《正義》本作消,云:定本'消消'作'脩脩',今《正義》本改'脩'爲'翛'。")段氏《詩經小學》、李氏《毛詩紬義》、胡氏《毛詩後箋》、馬氏《傳箋通釋》皆以作"脩"爲是。《周禮》則共其犒牛,犒乃爲槁;《周禮·牛人》:"軍事共其犒牛。"石經"犒"作"槁",顧氏以爲誤。馮登府云:賈疏云:謂將帥在軍枯槁之賜,牛謂之槁牛,則本作槁。《説文》無犒字,稾即槁字。小行人,若國師役,則令槁禬之,故書槁爲稾,鄭司農云:稾當爲槁,謂犒師(犒亦當作槁)。《左氏傳·僖公二十六年》:公使展喜犒師。服注:以師枯槁,故饋之。是犒古衹作槁。惠定宇謂張揖撰《廣疋》,始從牛旁。考何休曰:牛酒曰槁,此即從牛之意不昉於揖也。案宋余仁仲本、宋注疏本皆"槁"。《釋文》:犒牛,苦報反。葉鈔《釋文》作槁。阮氏云:《序官》稾人疏亦云,枯槁須槁勞之,故名其官爲槁人。妢胡之笴,笴實作苟。《考工記》:"妢胡之笴。"石經笴作苟,顧氏以爲誤。段氏謂注故書笴爲筍,筍當作苟,唐石經作苟,即依故書。徐養原、馮登府説並同。嚴可均謂經文宋以前本作苟,今作笴者,涉後文凡相笴而改耳。鄭注當云:苟矢幹也,故書苟爲筍。杜子春云:筍當爲苟,苟讀爲稾。《説文》有苟無笴,苟稾聲之轉,故得破讀。錢氏大昕亦謂苟與筍字形相似,讀苟爲稾,聲尤相近也。孫詒讓則謂字書苟字無古老反之音,《五經文字》苟字注,亦止云見《爾雅》,不云見《考工記》,足證陸德明、張參所見經本不作苟。案孫説非是,字書所載有遺漏,《五經文字》不云見《考工記》,亦不云見《詩》,豈得謂《詩》無苟字也?《儀禮》則建柶非捷,《儀禮·士冠禮》:"捷柶興。"石經"捷"作"建",顧氏以爲誤。錢大昕云:《士昏禮》亦有建柶之文,《集説》亦作建,是宋時尚未誤也。今本誤者,乃因《釋文》有捷柶兩字,疑爲經文,遂妄改耳。鄭注本云:建柶,扱柶於醴中。陸所見本,扱柶作捷柶,故云捷本又作插,亦作扱。要是注文,非經文,則石經作建不誤。洗爵作觶。《有司徹》:"主人降洗爵。"石經爵作觶,下主人實爵同,顧氏以爲誤。馮登府曰:經舉觶於其長注,古文觶皆爲爵,延熹中詔校書,定作觶。彭元瑞云:正德嘉靖舊本尚作觶。嚴可均云:《考工記》"獻以爵而酬以觶",亦爲切據,張淳改爲爵,妄耳。宋單鄭注本、集釋本皆作觶,不誤。《禮記》則沮泄本作且泄,《月令》仲冬:"以固而閉,地氣沮泄。"石經作"且泄",顧氏以爲誤。盧召弓云:《釋文》無沮音,正義亦不解沮,此經當本作且。嚴可均云:足利古本且泄,《呂氏春秋》作且泄。一个本作一介。《大學》:"若有一个臣。"石經"个"作"介",顧氏以爲誤。馮登府曰:"《書·秦誓》馬融本作介,訓爲耿介。《公羊傳》引《秦誓》亦作'介',《史記·張耳陳餘傳》'介居河北'注:'介,特也,與个通。'《左氏襄八年傳》:一介行李,即一个;又《昭二十八年傳》:君亦不使一个辱在寡人,即一介也。《五經鉤沈》校宋本《大學》,補此文疏闕文云:此秦穆公誓詞,言群臣若有一耿介之臣斷斷然誠實專一,此正義一介爲耿介本作介也。个蓋介之俗字,《說文》無此字,徐氏所謂亦不見義,無以下筆,是也。李貽德曰:《禮·月令》:左右个亦當作介。《淮南·時則訓》:青陽左个,高注:个猶隔也;其蟲介,高注亦曰:介,隔也,是青陽之个字亦爲介,故高並訓爲隔也。山井鼎本及岳珂本、宋大字本並作一介,今石經同,則石經正可證今本之譌矣。"武億說略同。《左傳》則錫命之作賜命,《文元年》:"王使毛伯衛來錫公命。"石經錫作賜,顧氏以爲誤。馮登府曰:"《漢書·五行志》作毛伯賜命,石經正合,二字本通。《易·師》:王三錫命,鄭本作賜;《儀禮·燕禮》注:古文賜作錫;《覲禮》注:今文賜作錫;《左傳》'而賜之姓',《論衡》引作錫,蓋古今文。錢氏《金石文跋尾》云:經書錫,傳書賜,故注有謝賜命之語,非誤也。"武億說略同。且辟之作旦辟,《成二年》:"且辟左右。"石經且作旦,顧氏以爲誤。《養新錄》云:"《左氏》紀夢每言旦。庚宗之夢,則云旦召其徒;社宮之夢,則云旦而求之曹。石刻字畫分明,可證俗本之誤。"嚴可均說同。畀我之作卑我,《襄二十三年》:"邾畀我來奔。"石經畀作卑,顧氏以爲誤。馮登府曰:"《孟子》:'封諸有庳。'《漢書·鄒陽傳》作'封之有卑',服虔音畀予之畀。《後漢書》注又作'封之有鼻'。此文《公羊》亦作'鼻我'。《荀子·宥坐》'卑民不迷'注:音畀予之畀,蓋庳、鼻、畀、卑,古文通用。正義凡三引此文,及淳化本並作'卑我'。"嚴可均曰:昭二十年曹公孫會自鄸出奔疏,兩引作卑,則孔所見本是卑字。而《釋文》音必利反者,蓋經本作卑,陸以《公羊》作畀我,定四年又有季芊畀我,故依彼破讀耳。其實卑、畀形近,校官碑卑字作畀,是隸書畀即卑字也。駕鵝之作駕鵝。《定元年》:"榮駕鵝。"石經駕作駕,顧氏以爲誤。馮登府曰:"《山海經》:青要之山,北望河曲,是多駕鳥,注:駕宜作駕。然駕字《說文》無之,故古即以駕當之,石經正從古文。"嚴可均曰:"依本字當作鴐,鴐、駕同音。《史記・司馬相如傳》:'連駕鵝。'《集解》引郭璞曰:'野鵝也,駕音加。'張守節《正義》曰:'駕鵝連謂兼獲也。'宋本《白帖》卷二十九引《前漢書》:'連駕駕。'《藝文類聚》卷九十一引《廣志》:'駕鵝,野鵝也。'《御覽》卷百九十九引《廣雅》:'駕鵝,野鵝也。'《古今人表》作駕,《路史後紀》卷四《急就篇》'榮惠常'王應麟補注、《韻會・六麻》引作駕,岳本作駕。又《襄二十八年》杜解:'榮駕鵝。'檢《釋文》以下,都是駕字,不誤。"《公》《穀》則伐戴之作伐載,《公羊・隱十年》:"宋人、蔡人、衛人伐戴。"石經"戴"作"載",顧氏以爲誤。馮登府曰:"《釋名》:'載,戴也,戴,在其上也。'《詩・絲衣》箋:'載猶戴也。'載弁俅俅,《爾雅・釋言》注:'作戴弁,二字通。'段氏玉裁曰:'《說文》:𢦔故國在陳留,𢦔本字,載借字,戴或字。'"桓賊之作桓賤,《公羊・桓二年傳》:"隱賢而桓賊也。"石經賊作賤,顧氏以爲誤。錢氏《跋尾》云:"據注,賤不爲諱,則當爲賤也。"彭元瑞云:"宋景德本、鄂泮官書本、明閔齊伋本並作賤。"嚴可均曰:"《漢・五行志上》:'董仲舒、劉向以爲桓弒兄隱公,臣民痛隱而賤桓。'與此傳正同,不誤。"百里之作伯里,《公羊・僖三十三年傳》:"百里子與蹇叔子。"石經百作伯,顧氏以爲誤。嚴可均云:"上下文皆作百。"馮登府云:"《孟子》'百里奚',《韓非子》作伯里;《穀梁・三十三年傳》'百里',《釋文》作伯;《後漢書・宦者傳》:'越騎營五百妻有美色。'《輿服志》作伍佰,二字通。"荀罃之爲荀嬰。《穀梁・襄元年傳》:"晉侯使荀罃來聘。"石經罃作嬰,下二年、三年同,顧氏以爲誤。馮登府曰:"嬰古罌字,見《山海經・西山經注》,《廣雅》罌訓同罃,《穆天子傳》黄金之嬰即罌,《史記・魏世家》惠王罃,《國策》本作嬰,古通假字。"《論語》則必有之作必得,《論語》:"三人行,必有我師焉。"石經作"我三人行,必得我師焉",顧氏以爲誤。馮登府云:皇本、正平本同。《釋文》亦同,云:"一本無我字",又云:"本或作必有。"《史記・孔子世家》亦云:"三人行必得我師。"嚴可均云:《六帖》八十八引作"必得"。害仁之作害人;無求生以害仁,石經仁作人,顧氏以爲誤。嚴可均云:《文選》曹植《贈徐幹詩》注、《御覽》四百十九引作人,不誤。裘上無輕,願車馬衣輕裘,石經無輕字,後旁注。錢氏《跋尾》云:此宋人妄加,考《北齊書・唐邕傳》云,朕意在車馬衣裘與卿共敝,蓋用子路故事,是古本無輕字,一證也。陸氏《釋文》,於赤之適齊節,音衣爲於既反,而此衣字無音,是經本無輕字,二證也。《邢疏》云:願以己之車馬衣裘與朋友共乘服,是邢本亦無輕字,三證也。皇氏《義疏》云:車馬衣裘共乘服而無所憾恨,是皇本亦無輕字,四證也。今注疏與皇本正文有輕字,則後人依通行本增入,非其舊矣。樂下增道。未若貧而樂,石經樂下旁增道字。阮元云:唐石經旁添字多不足據,此道字獨與古合。考《史記・仲尼弟子列傳》《文選・幽憤詩》注引此文,並有道字;又下二節孔注及皇、邢兩疏,亦有道字,俱足爲古本有道之證。武億說同。《爾雅》則烏蘾之字作蕵,《釋艸》:"澤,烏蘾。"石經蘾作蕵,顧氏以爲誤。嚴可均曰:上文有蘾烏蕵,故郭此注云:即上蘾也。言此烏蕵即上之一名蘾者耳。案葉鈔《釋文》、單疏本、雪牕本、鄭樵注本、至善堂本並作蕵。麻母之文爲荸。《釋艸》:"莩,麻母。"石經莩作荸,顧氏以爲誤。馮登府曰:《說文》作'芓,麻母',《玉篇》荸下以芓爲古文,則依《說文》當作芓,即依舊本亦當作荸,今本作莩,直誤字耳。案單疏本、雪牕本、鄭樵注本、至善堂本並作荸。艸名王女,即是唐蒙;《釋艸》:"蒙玉女。"石經作王女。案單疏本、雪牕本、鄭樵注本、至善堂本皆作王女。上文唐蒙,女蘿;女蘿,菟絲。《邢疏》云:下云蒙王女。然則唐也、蒙也、女蘿也、菟絲也、王女也凡五名,注中王女字,舊本皆作王,可互證。星號黄姑,無嫌河鼓。《釋天》:"河鼓謂之牽牛。"石經初作何,改作河,顧氏以河爲誤。案郭注:今荆楚人呼牽牛星爲擔鼓,擔者荷也。則郭本自作何,故《釋文》音胡可切也。此作河者:《史記·天官書》:牽牛爲犧牲,其北河鼓。《漢書·天文志》同。《詩·大東》傳:河鼓謂之牽牛。諸宋本考文古本皆作河鼓,彼疏引李巡、孫炎注,雖誤以牽牛、河鼓爲二星,而字皆作河。牽牛有黄姑之號,音轉爲河鼓、何鼓皆可通。其他文之勝於俗本者,蓋不可勝計也。夫石經著而古本亡,刻本行而石經晦。然則唐石經者,固今本之祖禰,而古本之雲礽也。溯自開成訖於近代,歷時千載,全石具存,較之熹平斷碣、正始殘碑,猶乘雁之於江湖,壘空之於大澤也。苟惑劉昫之讕言,循顧君之誤說,則悖矣。朱彝尊跋云:劉昫譏其字乖師法,然終勝於今監本、坊本。王鳴盛《蛾術篇》云:太學《石壁九經》《舊唐書》謂爲有乖師法,誠然,但此必須有大學識之人方能審定。修《舊書》者學識想必不高,而敢爲此言,不知於意云何?至於顧氏《金石文字記》所駁,今試逐條考之,每有無誤而妄駁,使石經受其寃誣者。又明趙崡《石墨鐫華》云:王堯惠等補字大爲紕繆,然既别刻小石,不與原文相亂,則聽之可也。予所得石本乃從見在石上榻出,其補字爲别刻小石,與原文不相攙雜,尚自顯然。顧氏所據,乃裝裱成冊者,因裱匠取流俗郉塾中《九經》本,按照前後,用後人所補嵌入,裝合輻湊,竟如一手榻出者。顧氏久客西安,目擊此石,乃不加詳核,觕疏甚矣。錢大昕《金石文跋尾》云:今人得宋槧本,尚知寶而愛之。此經刻於唐世,同時儒者譏其蕪累,固所不免。越今已及千年,世間不復見有唐本,而此石巋然獨存,乃以繆戾譏之,甚矣其惑也。

若夫開成舊刻,惟著經文;廣政新刊,兼字古注。程其功伐,斯又後勝於前者矣。自唐政不綱，衣冠流徙，蜀人好事，文物獨彰。《丹鉛錄》：蜀刻《九經》最爲精塙，是時僭竊之主惟昶有文學，蜀故不受兵，又饒文士，故其所製尤善。於是昭裔捐金，德釗書石。宋席益《成都府學石經堂圖籍記》：僞蜀廣政七年，其相母昭裔按雍都舊本，令平原令張德釗書而刻諸石。趙抃《成都記》：僞蜀相毋昭裔捐俸金，琢石於學宫。晁公武《石經考異序》云：凡歷八年，其石千數，昭裔獨辦之，尤偉然也。避李氏之廟諱，循雍都之舊章。《困學紀聞》云："後蜀石經於唐高祖太宗諱皆闕畫，唐之澤深矣。"案自來言蜀石經者，洪容齋以下，皆謂其避唐諱。繆荃孫云：《左傳》世、民、昬、愍、棄、葉均闕筆，他廟諱則不避，世之治也，一避一不避，可證。《周禮》世字、民字均不避，棄仍作弃，諜仍作諜，是習尚使然，不足爲避諱之證。知祥祥字作䄇，詳翔同，不避知字。知詳祖諱，《左傳》作𥨊，《周禮》作𥨊，《毛詩》作𡩋。父諱歐史名道，《蜀檮杌》則云名巇，今本道字獻文皆不闕筆。吳履敬、式训皆力駁避諱之說。總彼群經，勒成十部。范成大《成都石經始末記》云：《孝經》《論語》《爾雅》，甲辰歲張德釗書；《周易》，辛亥歲楊鈞、孫逢吉書；《尚書》，周德正書；《周禮》，孫朋吉書；《毛詩》《禮記》《儀禮》，張紹文書；《左氏傳》不誌何人書，而詳觀其字畫，亦必蜀人所書。晁公武《郡齋讀書志》、趙希弁《附志》所記略同。加以田況補其闕略，《成都記》：《公》《穀》則有宋田元均所刻。晁公武《石經考異序》：皇祐中，田元鈞補刻《公羊》《穀梁》二傳，然後十二經始全。席益修其廢典。《石經考異序》：《孟子》十四卷，席益政和中，知成都。刊石，置於成都學宫。云：僞蜀時刻六經於石，獨無《孟子》，經爲未備。夫經大成於孔氏，豈有闕耶？其論既繆，又多誤字，如以頻顣爲嚬蹙類，不可勝計。○全祖望云：晁氏自說之始疑《孟子》，請去《孟子》於講筵，故公武亦有此論，可謂偏乖之甚。《禮記》《爾雅》皆列學官，今獨齗齗於《孟子》，是何心與？孟蜀時七篇未登於經，其不備宜也，采初已作正義，獨席益又何繆之有？晁氏帥蜀，復隆雅道。刊《尚書》之古文，《成都記》：古文《尚書》則晁公武所補。《石刻鋪敍》："《古文尚書》三卷，蓋唐天寶未廢古書前傳本，汲郡呂大防得之於宋次道王仲至家，乃元豊五年壬戌鏤板，乾道六年帥晁公武取以入石。"考群經之異字。《石刻鋪敍》云：《石經考異》，"乾道六年庚申三月旦東里晁公武校石經與監本不同者作爲此書：《易》（五）、《書》（十）、《詩》（四十七）、《周禮》（四十二）、《儀禮》（三十一）、《禮記》（三十二）、《左傳》（四十六）、《公羊》（二十二）、《穀梁》（二十三）、《孝經》（四）、《論語》（八）、《爾雅》（五）、《孟子》（二十七），此正經不同者如此，傳注不與。"（案此皆用晁氏《考異序》語)范成大《石經始末記》云:《考異》之作,大抵以監本參校,互有得失。其間顛倒闕譌,所當辨正,然古今字雖少不同,而實通用耳。《考異》並序凡二十一碑,具在石經堂中。《玉海》云:譌蜀相毋昭裔取唐太和本刻石於成都學宫,與後唐板本不無小異。乾道中晁公武參校二本,取經文不同者三百二科,著《石經考異》,亦刻於石。張奧繼踵,兼校注文,《玉海》云:張奧又校注文同異爲《石經注文考異》四十卷。羽巽石經,蔚成鉅著。誠稽古之盛業,學林之大觀也。徵殊文於往志,綜墜緒於殘編。雖片石靡存,而遺型猶在,工拙之數蓋可得而言焉。乃若雲夢連文,晁氏《考異序》云:《禹貢》:雲土夢作乂,倒土夢字。《夢溪筆談》云:舊《尚書·禹貢》:雲夢土作乂。太宗皇帝時,得《古本尚書》,作雲土夢作乂,詔改《禹貢》從古本。馮登府《石經補考》云:案本作雲夢,《職方》:荆州,其澤藪曰雲夢;《爾雅》:楚有雲夢;《史記·夏本紀》作雲夢土爲治;《漢·地理志》作雲夢土作乂,自古無異文。自唐人謂據《古本尚書》改雲土夢作乂,雲夢分江南、江北二地,非古義矣。石經《禮記》從李林甫所改,以《月令》爲首,此獨不阿新説,亦可謂具卓識者。案馮説蓋節録胡氏《錐指》之言,而胡説亦自有誤。沈存中所謂太宗皇帝者,宋太宗也,胡氏謂爲唐太宗,而李孝臣《群經識小》、武虚谷《經讀考異》皆沿其誤,與馮氏同。胡氏又云:雲夢經傳,諸書有合稱者,有單稱者。《周禮》:荆州藪澤曰雲夢。《爾雅》十藪,楚有雲夢。《吕覽》《淮南子》同。《戰國策》:楚王遊於雲夢,結駟千乘。宋玉《高唐賦》曰:楚襄王與宋玉遊於雲夢之臺。司馬相如《子虚賦》曰:雲夢者方八九百里。此合稱雲夢者也。《左傳·定四年》:楚子涉睢,濟江,入於雲中。此單稱雲者也。《宣四年》:邧夫人棄子文於夢中;《昭三年》:楚子以鄭伯田於江南之夢;宋玉《招魂》曰:與王趨夢兮課後先,此單稱夢者也。單稱特省文耳,雲可該夢,夢亦可該雲。杜元凱注夢中云:夢,澤名。江夏安陸縣東南有雲夢城,則夢在江北。注雲中云:入雲夢澤中。穎達引《左傳》以爲之説曰:此澤亦有單稱雲、單稱夢,經之土字在二字之間,蓋使文兼上下也(中略)。若從石經本,則傳云:澤中有土,可以耕作,義甚愜當。愚嘗反復於斯,而覺太宗此一改殊多事,不若仍舊之爲得也。承周案:《子虚賦》云:"臣聞楚有七澤,嘗見其一,未覩其餘也。臣之所見,蓋特其小小者耳,名曰雲夢。"上言其一,下言雲夢,則雲夢之澤,是一非二,可不煩言而解矣。又《子虚賦》云:"雲夢者方九百里。"《史》《漢》《文選》並同,《禹貢疏》誤引作"方八九百里",胡氏、李氏並沿其誤。王氏《後案》引《子虚賦》,吞雲夢者方八九百里,此又兼涉下文吞若雲夢者八九,而混爲一語矣。輖飢異體;厲樊榭《詩集》注引《汝墳》:"惄如調飢。"蜀石經作輖飢,馮登府云:傳:調朝也。《釋文》:調又作輖。余案,

《説文》:𠦝,旦也,即朝字,從倝,舟聲。周、舟古通。《詩》:舟人之子,亦作周,是也。段氏曰:《毛詩》以周聲之調輖爲朝,則朝非不可讀爲舟,益知車旁之誤。案:馮氏全襲李富孫《詩經異文釋》,《説文》有輖無𨌴,輖借字,𨌴不成字,段氏注《説文》仍作輖。一隅之示,增以三言;晁氏《考異序》:《論語》自行束修章,"舉一隅"下,有"而示之"三字。馮登府云:"皇本、高麗本及李善《西京賦注》並同。鄭注則'舉一隅以語之',玩注亦有此三字。《考文》云:'古本作而示之。'又云:'足利本作示之,少而字。'"阮氏《校記》謂古本當有此三字。六物之占,益者四字;晁氏《考異序》:《左氏傳·昭公十七年》:六物之占在宋衛陳鄭乎。案唐石經旁注六物之占四字,《御覽》八百七十五引亦有此四字,則有者蓋古本也。惠定宇謂唐石經當晁公武據蜀石經增入,蜀時賈、服注猶存,此蓋據賈、服本也。李富孫非之云:晁以國子監本校蜀石經,非唐石經。《漢·五行志》引無此四字,杜亦無注,則其本所無可知。予謂李氏言杜本無此四字,惠君以爲據賈、服本,皆非也。蜀石經有注,其《左傳》即用杜注,杜本自有異同,決非以賈、服本竄改杜本也。《説卦》具康伯之注,晁氏《考異序》:《易·説卦》乾健也以下有韓康伯注,案今本乾健也,以下十二條皆無注,石本既亡,莫詳其説矣。《詩序》符沖遠之詞。《考異序》云:《毛詩·日月篇》:以至於困,而作是詩也。案今《日月篇》序云:衛莊姜傷己也,遭州吁之難,傷己不見答於先君,以至困窮之詩也。《釋文》云:以至困窮之詩也。舊本皆爾。俗本或作以至困窮而作是詩也,誤。《孔疏》謂俗本作以至困窮之詩者誤也。陸、孔所言正相反,陸之所是即孔之所非,則孔之所據即陸所非之本也。《考文》引古本作以至困窮之故,作是詩也,惟而字作故爲異,餘與蜀石經本同。此皆見稱於昔人,有裨於經訓者也。此外見於《考異序》者:《周易略例》有邢璹注(説見下章),《禮記·月令》從唐李林甫改定本,《論語·衛靈公》篇"敬其事而後食其禄"之類。見於《郡齋讀書志》者:《盤庚》"若網在綱",皆作網字,"三人行必有我師焉"上又有"我師"二字(重見者不録)。見於朱子《論語集注》者:引晁氏曰:三嗅而作。石經嗅作戛,即《考異》之文。其殘拓之僅存者,則陳君摹刻,陳宗彝《獨抱廬叢書》有蜀石經《毛詩傳箋》卷一卷二殘本,王氏《金石萃編》亦載蜀石經《毛詩》。劉氏彙印。劉體乾所藏蜀石經《周易》《毛詩》《儀禮》《禮記》《尚書》《周禮》《爾雅》,皆印行。馮雲伯之所取資,馮登府《蜀石經考異》載《毛詩》殘碑及《周禮》《左傳》殘碑,考其異同。繆荃孫之所槧記,繆氏《蜀石經校記》,載《古學彙刊》。而已詳矣。其《毛詩》經文之長於今本者,則江汜之篇,于歸未脱;《召南·江有汜》"之子歸",三章俱作"之子于歸"。王昶云:此無他義,衹以《桃夭》、《鵲巢》等篇皆作"之子于歸",此處亦依例增之。馮登府云:"案正義言是子嫡妻往歸之時,不共我以俱行。往訓于字,似有于字,足利本三章皆有于字。"案此後人去之,使皆三字爲句耳。《谷風》之語,育鞠可刪,之類是也。《邶·谷風》:"昔育恐育鞠。"蜀石經作昔育恐鞠。阮氏《校記》云:"下育字以傳、箋、正義考之,皆當有,蜀石經之不可信每類此。"王昶、段玉裁、馮登府說同。胡承珙云:傳云:育,長;鞠,窮也。箋云:昔育:育,穉也;及,與也。昔幼穉之時,恐至長老窮匱,故與女顛覆盡力於家事,難易無所辟。傳云育長者,長訓長養,謂昔時於長養之道恐至窮匱,故我與爾顛覆盡力於家事。下文既生既育,謂既遂其生,既得所長,二育字同義,故於既育無訓,箋以昔育之育爲幼穉,既育之育爲長老。正義曰:以育得兩訓,故《釋言》爲穉,《釋詁》爲長,以經有二育,故辨之。又案箋云:昔育者對既育言之,於既生能育乃云:生,謂財業也;育,謂長老也。鄭雖以昔育爲穉,既育爲長,與毛異,其於昔育句亦必無二育字,所云昔幼穉之時恐至長老窮匱者,乃探下文既育言之,非因恐下有育字而訓以長老也。若經文作恐育,則箋當云昔育,幼穉也,恐育,長老也,然後昔幼穉之時恐至長老窮匱矣。此可見傳箋本皆當作昔育恐鞠四字爲句,蜀石經所據,當不誤也。其傳文之長於今本者,則醴之宗室,不可禮之;《召南·采蘋》:"有齊季女。"傳:"必先禮之於宗室。"蜀石經禮作醴,下箋:禮字並同。馮登府曰:"定本作醴,正義:'父醴女,以醴酒禮之。今《毛傳》作禮儀之禮者,《司儀》注云:上與下曰禮。故《聘禮》用醴酒禮賓,作《禮儀》之禮。定本禮作醴。'石經是也。"案,《士冠禮》:"請醴賓。"注云:"此醴當作禮。"又"若不醴,則醮用酒"注亦云:"醴亦當爲禮。"《士昏禮》"請醴賓"注又云:"此醴亦當爲禮。"此皆不得以上與下曰禮辨之,馮說未合。《昏禮》"贊醴婦"注:"醴當爲禮。"父之醴女,舅姑之醴婦,情事相埒,則似以作禮爲是。然《士昏禮》記,女子許嫁,笄而醴之,稱字。又云:父醴女而俟迎者,鄭不破字,則作醴自通。至《士冠禮》若不醴則醮用酒,鄭破作禮,胡墨莊謂當在上文乃醴賓下,蓋禮兼醴醮而言,隆之則醴,殺之則醮,禮固可兼禮醮也。若醴與醮對文,萬無作禮之理,此醴女亦醴醮之醴,以《昏禮》例之,則定本未嘗不可從也。不重煩勞,本無不字;《甘棠》:"召伯所茇。"傳:"茇,艸舍也。召伯聽男女之訟,不重煩勞百姓,止舍小棠之下而聽斷焉。國人被其德,說其化,思其人,敬其樹。"蜀石经"重"上無"不"字。阮《校記》曰:"石經與《司馬相如傳》'方今田時,重煩百姓'合。案,顏注:'重猶難也。'《史記索隱》同。《管子·權修篇》:'必重盡其民力。'《淮南·詮言篇》:'重爲善若重爲非,而幾於道矣。'並同義,有不字,則失其恉矣。"又案:蜀石經"茇艸舍也"上有"箋云"

二字,《校勘記》云:"宋小字本、相臺本、閩本同,明監本、毛本移於'也'字下,《考文》古本同。正義云:'定本集注於內,並無箋云。'是其本自'茇艸舍也'至'敬其樹'皆爲傳也。"段玉裁以定本集注爲是,則蜀石經作箋誤。獄埆之爲獄訟,《召南·行露》:"何以速我獄。"傳:"獄,埆也。"蜀石經作"獄訟"也。王昶云:經文此章速獄,下章速訟,明獄、訟是二事,不得云獄訟也。《周禮·地官》:有獄訟者。注:爭罪曰獄,爭財曰訟。又爲獄、訟兩事之證。孔氏正義引鄭云:獄者埆也,囚證於埆核之處。《集韻》埆字下,引《詩·行露》注:獄,埆也。可見唐宋所行之傳皆作埆,則此作訟者譌矣。或又謂《說文》埍訓女牢,埆即埍之譌。案,《說文》:埍,徒隸所居也,一曰女牢,則以埆爲埍之譌,說亦有據,附識之。馮登府曰:"埆字《說文》所無,正義此章言獄,下章言訟。《司寇》職云:'兩造禁民訟,兩劑禁民獄',對文,則獄、訟異也。故彼注云:'訟謂以財貨相告者,獄謂相告以罪名',是其對例也,散則通也,此《詩》亦無財、罪之異,重章變其文耳,故序云聽訟以總之,則訟爲長。"案獄、訟二字本無財、罪之分,猶饕、餮二字初無財、食之別也,解者歧而二之耳。以訟釋獄,不得爲誤。不然,則閭娵醜惡、三蟲食堯同得訟名,何關財貨?馮登府謂埆字《說文》所無,因謂埆當作訟;王氏又感於俗謬字書之言,謂埆當爲埍,則非是。《說文》:獄,确也。埆即确之變耳。慍怒之作慍怨,是也。《邶·柏舟》:"慍于群小。"傳:"慍,怒也。"蜀石經怒作怨。案宋小字本、相臺本皆作怒,《釋文》本作怒,《正義》本作怨。馮登府曰:"《說文》:'慍,怨也。'石經是也。"其箋語之異者尤衆。其有關校誤者,略舉數條於此。《采蘩》:"夙夜在公。"箋:"早夜在事。"蜀石經作"早夜在於公事。"《采蘋》箋:"教成之祭,牲用魚,芼用蘋藻,所以成婦順也。此祭女所出祖也。"蜀石經重祭字(《校勘記》云:小字本、相臺本重祭字,《考文》古本同)。《行露》:"豈不夙夜。"箋:"夙,早也。"蜀石經作"夙夜,早暮也"(《釋文》本有"夜暮"二字,云:《小星》箋同,今皆脫)。箋又云:"《周禮》:仲春之月,令會男女之無夫家者,行事必以昏昕。"蜀石經"行"上有"仲春"二字,"昕"下有"之時"二字。又"室家不足"箋:"室家不足,謂媒妁之言不和,六禮之來彊委之也。"石經"家"下有"之道"二字,"謂"下有"不以"二字,和作知(馮云:正義之言,俱云室家之道,似今本箋語脫去也。"不以"二字,石經當衍,和、知形相涉而譌。案石經實不譌,馮說非)。"江有汜,之子歸"箋:"之子,是子也,是子謂嫡也。"蜀石經無"是子也"三字。《周官》經文之長於今本者,則掌凡庶蠱之事,掌字猶存;《秋官》:"翦氏:掌除蠹物,以攻禜攻之,以莽艸薰之,凡庶蠱之事。"蜀石經"凡"上有"掌"字,唐石經同。繆荃孫云:"按薙氏亦掌凡蠱草之政令,則此字當有。"案賈疏云:"其蠱毒自是庶氏。今此云凡庶蠱者,同類相兼,左右而掌之。"則經文有掌字。又案經例,凡上或有掌字,或無掌字。如庶氏:凡毆蠱,則令之,比之。以言令言比,則不須言掌而已明。柞氏:凡攻本者掌其政令。掌字在下,各案文義,不可增省,他皆放此。此文諸本無掌字,蓋以爲冢上當省,而文義不屬,有者爲長。詔相諸侯之禮,詔字未挩,之類是也。《大行人》:"若有大喪,則相諸侯之禮。"蜀石經"相"上有"詔"字,唐石經同。彭元瑞云:"詔相,左右教告之也。宋本《九經》、宋纂圖互注本、宋附釋音、余仁仲本皆作詔相諸侯之禮。"阮《校記》略同,皆失引蜀石經。其注之長於今本者,則瓚讀如饜,本非破字;《考工記・玉人》:"天子用全,上公用龍,侯用瓚,伯用埒。"鄭注:"瓚讀爲餰饜之饜。"蜀石經"爲"作"如",段氏《漢讀考》,因葉鈔《釋文》及賈疏述注,"讀"下皆無"爲"字,因據刪。案蜀石經作"如",則"爲"乃"如"之誤,不必刪去矣。杼之訓殺,不作古文,之類是也。《考工記・玉人》:"杼上終葵首。"注:"杼,閷也。"阮《校記》云:"《周禮》經作閷,注當用殺字,下文注中取殺、殺女,皆不作閷也。今此諸本皆作閷,蓋淺人援《釋文》本改之。"案蜀石經此注作殺,獨不誤。《左傳》則爾車之下無多,《襄十年傳》:"子駟抑尉止曰,爾車非禮也。"唐石經"車"下旁增"多"字。繆荃孫云:"阮《校記》以旁增字爲後人所加,蜀石經、全本開成亦無'多'字,更可爲阮添一塙證。"名川之字非大。《襄十一年傳》:"名山名川。"唐石經初刻作"大川",改刻"名"。案,蜀石經亦作名,諸本並同。孔疏述注亦作"名川"。此文上下,司慎司監、群神群祀、先王先公皆疊字,則作名是也。惟名仍當訓大,疏以有名釋之,非也。又案,蜀石經多有與唐石經改刊字同者,前人多歸獄於王堯惠,未盡然也。《公羊》則實國之避非寔,《桓七年》:"焚咸丘。"傳:"曷爲不繫乎邾婁?國之也。"解詁云:"欲使如國,故無所繫。加之者,避寔國也。"阮《校記》以寔爲誤,云:"當從鄂本作'實'。"案,蜀石經正作"實"。麥魚之薦非苗。《桓八年傳》:"夏曰礿。"解詁:薦尚麥魚,麥始孰可汋,故曰礿。阮《校記》云:"苗字誤,當從魚。"案,蜀石經"苗"正作"魚"。斯其善者也。然申午、葵卯,昔人所譏,其書既多,不能無舛。全謝山云:"程克齋譏蜀石經,謂其《春秋》以甲午爲申午,以癸卯爲葵卯。然其書既多,自不能無舛錯,要之有足資考證者。"是以於《詩傳》則曰蘋曰藻,攙入《韓詩》;《召南》:"于以采藻。"傳:"蘋,大萍也。沈曰蘋,浮曰藻。"案各本無下六字,《釋文》:"蓱本又作萍。《韓詩》云:'沈者曰蘋,浮者曰藻。'"蜀石經當即由《釋文》所引誤入。由帶由膝,誤緣《爾雅》。《邶・匏有苦葉》:"深則厲。"傳:"以衣涉水爲厲,謂由帶以上也。"蜀石經作"由帶上以爲厲,由膝以下爲揭"。

案:《孔疏》云:"《釋水》云:'濟有深涉,深則厲,淺則揭。'揭者褰衣也,以衣涉水爲厲,由膝以上爲涉,由帶以上爲厲。《爾雅》既引此詩,因揭在下,自人體以上釋之,故先揭,次涉,次厲也,傳依此經先後,故引《爾雅》不次耳。然傳不引《爾雅》由膝以下爲揭者,略耳。"據此,則唐初《毛傳》已無"由膝以下爲揭"一句,此依《爾雅》增之,非其舊矣。於《禮注》則惡鳴之鳥,下引陸機;《秋官》:"硩蔟氏"注:"覆夭鳥之巢,掌惡鳴之鳥,若鴞鵩。"蜀石經此下更有"賈誼所賦,陸機云'大如斑鳩,綠色'"十三字。繆荃孫曰:"鄭君卒於建安五年,至孫吳建國,相去二十六年,疑元恪早歲著書,鄭君猶及見之,故采入注。鄭就盧學,即爲《禮注》尚在桓、靈之間,想亦隨時修改耳。"案鄭君與元恪時代既乖,地域復異,即使元恪早歲著書,何能遷行北土,況肌必之詞邪?《鄭志》答炅模云:"爲《記》注時,就盧君先師亦然,後乃得毛公傳,既古書義又宜然。《記》注已行,不復改之。"(《詩·燕燕》疏、《南陔序》疏、《禮記·坊記》疏並引)夫毛公鄭所服膺,義又宜然,《記》注已行,尚不追改;元恪新學小生,義非幽奥,偶見其書,即以增入,何重陸而輕毛邪?此蓋後人偶加箋記,寫石經者誤入本注耳。繆氏亦知據引《鄭志》,而不審諸下文,妄生同異,自矜創獲,此板本目錄之士所以無與於學也。毒物之莽,遙徵郭璞。翦氏:以莽艸熏之。蜀石經注文云:"今用以殺魚。《山海經》:朝歌山有艸名莽,可以毒物。郭璞云:蠹物穿食人器物者云云。"各本注文無"郭璞云"以上二十二字。繆荃孫云:"此注專釋'莽'字,應在'以熏之則死'下,先引《山海經》,再引郭注,'今用以毒魚'即郭注也,此注倒置。"案鄭君無下引郭說之理,亦後人旁記誤入注文耳。苟能知瑾瑜之匿瑕,同葑菲之無異,排沙簡金,寶籍見矣。案,曹學佺《名勝記》:石經《禮記》有數段在合州賓館中。繆荃孫《石經跋》云曾訪碑於合州,無此石,蓋不知毁於何時。

降及嘉祐,刻石汴京,爰著《九經》,分陳二體。周密《雲煙過眼錄》記"嘉祐石經"云:"羅壽可遊汴梁,太學《九經》石堆積如山,一行篆字,一行真字。"《癸辛雜志》所載同。而《宋史·藝文志》則云:"楊南仲《五經》七十五卷。"是《九經》《五經》,多寡不同。據《玉海》所載,仁宗命國子監取《易》《書》《詩》《周禮》《禮記》《春秋》《孝經》爲篆、隸二體,刻石兩楹,則實七經也。又載叛國子監王洙上言,國子監刊立石經,至今一十五年,止《孝經》刊畢,《尚書》《論語》見書鐫未就,乞促近限畢工。則又有《論語》,疑莫能明也。時則章生以草澤而賜絹,《續通鑑長編》:嘉祐六年三月,以篆國子監石經成,賜草澤章友直銀百兩、絹百匹,除試將作監主簿,辭不就,故有是賜。《玉海》所記略同。《宣和書譜》:閩人章友直工篆法,與楊南仲篆石經,刻於太學。胡恢以潦倒而復官。《夢溪筆談》:金陵人胡恢,博物強記,善篆隸,臧否人物。坐法失官,十餘年潦倒貧困,赴選集於京師。是時韓魏公當國,恢獻小詩自達,魏公深憐之,令篆太學石經,因此得復官。任華州推官而卒。《猗覺寮雜記》:本朝石經,胡恢所書。趙、謝、張、楊,咸膺厚賚;馮氏《補考》云:《宋史》:北宋篆石經,有謝飶、張次立、楊南仲、皇姪克繼等,或賜銀幣,或賜出身。而依傍字部,改變經文,未爲得也。二體石經,如莅作竦、衰作縗、疊作櫑、鬱作鬱之類皆依《說文》本字。而《檀弓》"伯高之喪,赴於孔子",於乃作烏;子夏投其杖而拜,其乃作箕,在古雖爲一字,今則判然,以此相易,則經典所絕無也。夫由賜也見我,由篆作粤,亦非。下逮紹興,宸章獨耀;神堯御筆,憲聖續書。《石刻鋪敘》:高宗親御翰墨,作小楷以書《周易》《尚書》《毛詩》《春秋左傳》全帙,又節《禮記·中庸》《儒行》《大學》《經解》《學記》五篇,章草《語》《孟》,續送成均,左僕射秦檜請鐫石以頒四方。卷末皆刊檜跋語。《四朝聞見錄》:高宗御書《六經》,嘗以賜國子監及石本於諸庠。上親御翰墨,稍倦即命憲聖續書,至今皆莫能辨。案,高宗御書石經始末,事詳《玉海》。朱竹垞《宋石經跋》云:"今存者通計八十七碑,雖非足本,然書法甚工,學古者所當藏弆。秦檜一跋以爲吳訥椎碎。"案今存杭州府學者實八十六碑,朱語誤也。點畫或乖,無關要旨。而《左傳》會於夷儀之歲,猶存舊次,則刊本所希見也。南宋石經《襄二十五年》"會於夷儀之歲云云"在下卷二十六年經前。馮登府曰:唐石經、《釋文》並同,閩本、毛本在三十六卷之末,皆仍十行本之誤也。案,已說在《申陸篇》。夫石經有七,而清人爲殿。《困學紀聞》:石經有七,漢熹平則蔡邕,魏正始則邯鄲淳,晉裴頠、唐開成、中唐元度、後蜀孫逢吉等,本朝嘉祐中楊南仲等、中興高廟御書。案晉石經實未成,益以清代石經,始足七刻之數。蔣衡陋儒,不通字例,尋其初本,蓋無足觀。乾隆初訂,嘉慶重修,在庭諸臣,詳加磨改。觀彭元瑞提要之作,具見捐益之旨;雖未能上媲劉曹,恕可以追唐軼宋矣。蔣衡有《跋十三經殘字冊》,見《曝書雜記》。又姚元之《竹葉亭雜記》云:"太學石經凡一百九十碑,爲江南拙老蔣衡書。乾隆五十七年始勒石。先是五十六年,高廟擬勒石經於太學,初命彭文勤司校讎,和珅令人作考文提要舉正,分訓詁、偏旁、諧聲三門,以進。嘉慶八年,將碑字艸率滿畫略加修補。"

擇本中第九

夫由宋元之雕板,以望漢魏之石經,則石經尚矣;由唐蜀之石經,以望前代之寫本,則寫本邈矣。昔漢武建藏書之策,爰置寫官;河間留進獻之真,爲成好本。《漢書·河間獻王傳》:"從民得善書,必爲好寫與之,留其真。得書多與漢朝等。"雖情媠竹素,而賴鈔胥;亦有學類編蒲,情同緝柳。上見《漢書·路溫舒傳》,下見《文選》任彥升《爲蕭揚州薦士表》注引《楚國先賢傳》。梁生之成萬卷於白首,《太平御覽》六百十九引《桓譚新論》:"梁子初、楊子林所寫萬卷至於白首。"又見《困學紀聞》八。向郎之逾八十以潛心。《蜀志·向郎傳》:"郎潛心典籍,孜孜不倦。年逾八十,猶手自校書,刊定謬誤。積聚篇卷,於時最多。"以至齊獻手刊,《晉書·齊獻王攸傳》:"就人借書,必手刊其謬,然後反之。"紀瞻自寫;《晉書·紀瞻傳》:"瞻好讀書,或自抄寫。"葛洪反覆,《抱朴子·自敍篇》:遭兵火,先人典籍盪盡。乃負笈,徒步行借就營田園處,以柴火寫書。常乏紙,每所寫,反覆有字。蕭繹巾箱。《金樓子·聚書篇》:"使孔昂寫得前後《漢》等,合百卅四卷,在巾箱中,書極精細。"或日課有程,《梁書·文學·袁峻傳》:"家貧無書,每從人假借,必皆鈔寫。自課日五十紙,紙數不登,則不休息。"或傭書代讀;《梁書·王僧孺傳》:"家貧,常傭書以養母。所寫既畢,諷誦亦通。"或篋盈數十,《南齊書·高逸·沈驎士傳》:"遭火燒書數千卷。驎士年過八十,耳目猶聰明。火下細書,復成二三千卷,滿數十篋,時人以爲養身靜默之所致也。"或紙過八千。《北史·崔逞傳》:"崔長謙爲青州司馬,賊圍城二百日,讀書不廢,手鈔八千餘紙。"斯囊哲之勤劬,即後生之軌則也。跡其簿錄,各有根株;茍見沈傳,咸資隱據。是以服虔解誼,舊冊遠溯於永嘉;《魏書·徐遵明傳》:趙世業家有服氏《春秋》,是晉世永嘉舊本,遵明乃往讀之。杜預《春秋》,遺編遙存於齊代。《南齊書·武十七王傳》:晉安王子懋撰《春秋例苑》三十卷。世祖曰:知汝常以書讀在心,足爲深欣。賜以杜預手定《左傳》及《古今善言》。郭京正《易》,憑韓、王之手書。《容齋隨筆》卷五云:"唐蘇州司戶郭京有《周易舉正》三卷,云:

'曾得王輔嗣、韓康伯手寫注定傳授真本,比校今世流行本及國學、鄉貢舉人等本,或將經入注,用注作經,《小象》中間以下句,反居其上,爻辭注內移,後義卻處於前,兼有脱遺、兩字顛倒謬誤者,並依定本,舉正其訛,凡一百三節。'今略取其明白者二十處載於此:《坤》初六:'履霜堅冰至。《象》曰:履霜,陰始凝也,馴致其道,至堅冰也。'今本於《象》文'霜'字下誤增'堅冰'二字。《屯》六三《象》曰:'即鹿無虞,何以從禽也?'今本脱'何'字。《師》六五:'田有禽,利執之,无咎。'元本'之'字行書,向下引腳,稍類'言'字,轉寫相仍,故誤作'言',觀注義亦全不作'言'字釋也。《比》九五《象》曰:'失前禽,舍逆取順也。'今本誤倒其句。《賁》:'亨,不利有攸往。'今本'不'字誤作'小'字。'剛柔交錯,天文也;文明以止,人文也。'注云:'剛柔交錯,而成文焉,天之文也。'今本脱'剛柔交錯'一句。《坎》卦'習坎'上脱'坎'字。《姤》九四:'包失魚。'注云:'有其魚故失之也。'今本誤作'无魚'。《蹇》九三:'往蹇来正。'今本作'來反'。《困》初六《象》曰:'入於幽谷,不明也。'今本'谷'字下多'幽'字。《鼎・彖》:'聖人亨,以享上帝,以養聖賢。'注云:'聖人用之,上以享上帝,而下以養聖賢。'今本正文多'而大亨'三字,故注文亦誤增'大亨'二字。《震・彖》曰:'不喪匕鬯,出可以守宗廟社稷,以爲祭主也。'今本脱'不喪匕鬯'一句。《漸・象》曰:'君子以居賢德,養風俗。'注云:'賢德以止巽則居,風俗以止巽乃善。'今本正文脱'風'字。《豐》九四《象》:'遇其夷主,吉,志行也。'今本脱'志'字。《中孚・彖》:'豚魚吉,信及也。'今本'及'字下多'豚魚'二字。《小過・彖》:'柔得中,是以可小事也。'今本脱'可'字,而'事'字下誤增'吉'字。六五《象》曰:'密雲不雨,已止也。'注:'陽已止下故也。'今本正文作'已上',故注亦誤作'陽已上故止也'。《既濟・彖》曰:'《既濟》,亨小,小者亨也。'今本脱一'小'字。《繫辭》:'二多譽,四多懼。'注云:'懼,近也。'今本誤以'近也'字爲正文,而注中又脱'懼'字。《雜卦》:'蒙稚而著。'今本'稚'誤作'雜'字。予頃於福州《道藏》中見此書而傳之,及在後省見晁公武所進《易解》多引用之,世罕有其書也。"《四庫提要》云:其書《崇文總目》始著錄,《書錄解題》於宋咸《易補注》條下,稱"咸得此書於歐陽修",是天聖慶曆間乃行於世也。洪邁、李燾並以爲信。晁公武則謂以《繇》《象》相正,有闕漏,可推而知,托言得王、韓手札及石經。趙汝楳亦詆其挾王、韓之名以更古文。王應麟又援《後漢書・左雄傳》"職斯祿薄"句,證其改《旅卦》斯字爲㪺之非。近時惠棟作《九經古義》,駁之尤力。杜鎬談經,尊臧、岑之校本。《困學紀聞》卷六云:"雍熙中校《九經》,史館有宋臧榮緒、梁岑之敬所校《左傳》,諸儒引以爲證,孔維謂不可。按據杜鎬引貞觀敕,以經籍訛舛,由五胡之亂,學士多南遷,中國經術浸微,今並以六朝舊本爲證,持以詰維。維不能對。(原注見《談苑》)"獲《考工》於楚冢,補《周禮》之闕文;《南齊書·文惠太子傳》:"時襄陽有盜發古冢者,相傳云是楚王冢,大獲寶物,玉屐、玉屏風、竹簡書、青絲編。簡廣數分,長二尺,皮節如新。盜以把火自照,後人有得十餘簡,以示撫軍王僧虔,虔云:是科斗書《考工記》,《周官》所闕文也。"○案:今《考工記》段氏、韋氏、裘氏、筐人、楖人、雕人,文並闕壞,王僧虔謂是《考工記》,《周官》所闕文,當謂此也,惜記載不詳耳。齎敘傳於葫蘆,得班書之異狀。《梁書·蕭琛傳》:琛在宣城,有北僧南度,惟齎一葫蘆,中有《漢書敘傳》,僧曰三輔舊老相傳,以爲班固真本,琛固求得之。○《南史·劉虯傳》:"子之遴好古愛奇,時鄱陽嗣王範得班固所撰《漢書》真本,獻東宮。皇太子令之遴與張纘、到溉、陸襄等參校異同,之遴錄其異狀數十事,其大略云:'案古本《漢書》稱永平十六年五月二十一日已酉郎班固上;而今本無上書年月日子。又案,古本《敘傳》號爲中篇,今本稱《敘傳》,又今本《敘傳》載班彪事行,而古本云彪自有傳。又今本《紀》及《表》《志》《列傳》不相合爲次,而古本相合爲次,總成三十八卷。又今本《外戚》在《西域》後,古本《外戚》次《帝紀》。又今本《高五子》《文三王》《景十三王》《孝武六子》《宣元六王》雜在諸傳表中;古本諸王悉次《外戚》下,在《陳項傳》上。又今本《韓彭英盧吳述》云:信惟餓隸,布實黥徒,越亦狗盜,芮尹江湖。雲起龍驤,化爲侯王。古本述云:淮陰毅毅,伏劍周章,邦之傑子,實惟彭、英。化爲侯王,雲起龍驤。又古本第三十七卷解音釋義,以助雅詁;而今本無此卷也。"○案:《西京雜記》後有葛洪跋語,稱家有劉歆《漢書》百卷,考校班固所作,殆是全取劉氏,小有異同,固所不取,不過二萬許言,今鈔出爲二卷,名曰《西京雜記》。葛氏書庾信以爲出於吳均,所稱劉歆《漢書》致不足信。而《梁書》《南史》所謂真本《漢書》者,齊息園亦力辨其謬。竊謂蕭琛所得、之遴所釋,當爲一書,諸人目擊,自是古本,或他人取班書重加編次耳,非劉歆《漢書》之比也。以至《孝經》科斗,出自陽冰;韓愈《科斗書書後記》:李服之者陽冰子,授予以其家科斗書《孝經》、《衛宏官書》,兩部合一卷。《禮記》殊文,兢稱才邵。《困學紀聞》卷五:"《家語·終記》云:'泰山其頹,則吾將安仰?梁木其壞,吾將安仗?喆人其萎,吾將安放?'《檀弓》無'吾將安仗'四字。或謂廬陵劉美中(名才邵,字美中)家古本《禮記》,'梁木其壞'之下有'則吾將安仗'五字,蓋與《家語》同。○案此疑寫者據《家語》增入,而羅大經、謝枋得皆取其說。項羽之妾,墓啟藏經;唐傅奕《老子考異》所載《道德經》衆本,有項羽妾本,云:"齊武平五年,彭城人開項羽妾冢得之。"文簫之妻,軒名寫韻。吳彩鸞嫁文簫,書《唐韻》事見《神仙感遇傳》。《宣和書譜》同。虞道園有《寫韻軒記》,云:以吳仙寫韻得名。

其所書《唐韻》歐陽永叔、黄魯直、魏鶴山、陸友仁、虞道園皆見之。周公謹則云所書爲《切韻》,樓攻媿亦辨以爲法言書,王秋澗又以爲《廣韻》。(《廣韻》之名不始於宋,王國維《書唐韻後》已言之。秋澗言後有柳懸誠題云:吳彩鸞一夕書《廣韻》一部。則亦可見唐人已謂之《廣韻》矣。)魏鶴山所見本,二十八"刪"、二十九"山"之後即爲三十"先"、三十一"仙";周公謹、陸友仁所見本又爲二十三"先"、二十四"仙",不知何以牴牾如此。樓攻媿《題汪季路家藏吳彩鸞〈廣韻〉後》云:以《廣韻》校彩鸞所書,"東"有十七,而此本止三字;"同"有四十五,而此止十九;"公"有十三,而此止於八;"蒙"有二十七,而此止於十二。今以行世諸殘本校之,無一同者,蓋彩鸞事既荒唐難稽,唐代流行寫本韻書,好事者悉傳之彩鸞,故乖剌不合也。又前人所載彩鸞書,尚有《玉篇》之屬,詳俞樾《茶香室叢鈔》、葉德輝《書林清話》。斯亦羽陵所未蠹,而汲郡之嗣音也。其中雖有如《連山》肆僞,百兩售欺,猥成魯壁之書,妄加杭頭之字;而淄澠判味,豈乏狄牙,碧玉分形,耑資猗頓,是在善學者明辨之耳。自刊印之風大熾,傳録之本日稀。朝挾千金,夕羅萬卷。操取捨於計贏之賈,委權衡於攻木之工。此石林所爲深譏,《避暑録話》:"唐以前凡書籍皆寫本,未有摹印之法。人以藏書爲貴,人不多有,而學者精於讎對,故往往皆有善本。學者明傳録之艱,故其誦讀亦精詳。五代時,馮道始奏請官鏤板印行。國朝淳化中,復以《史記》、前後《漢》付有司摹印,自是書籍刊鏤者益多,士大夫不復以藏書爲意。學者易於得書,其誦讀亦因滅裂。然板本初不是正,不無譌誤。世既以板本爲正,而藏本日亡,其譌謬者遂不可正,甚可惜也。"昭德所由寄慨者矣。晁公武《石經考異序》:昔議者謂太和石本校寫非精,時人弗之許,而世以長興板本爲便。國初遂頒布天下,收向日民間寫本不用。然有譌舛,無由參校判知其謬,猶以爲官既刊定,難於獨改。夫景文之校史,及見師古未注之編;宋景文校《漢書》,所據有古本唐本,古本爲顏師古未注以前本。又建安本參校之書亦有卷子古本,見監本卷首。○案《困學紀聞》卷十二:"《武帝紀》元朔三年詔曰:'夫刑罰所以防姦也,内長文所以見愛也。'或云:'古寫本無注,《漢書》作而肆赦,所以見愛也。'"劉昌詩《蘆浦筆記》以爲章子厚家藏古本。仲達之解六書,猶徵鼎臣以前之帙。元戴侗《六書故》多引唐本《説文》。而岳倦翁徧刻諸經,兼參異本,凡所臚舉,二十有三,舊校古鈔,乃無一在。《九經三傳沿革例》所列皆刻本。信哉,六藝之厄也。明清以來所謂鈔本者,或源出宋刊,或作由近代。求如郘亭所獲唐本《説文》,孑遺偶存,蓋難數覯,猶且人懷疑信，論有異同焉。日本嚮風既久，兵燹無多，雖無徐市齎往之書，歐陽永叔《日本刀歌》："徐市行時書未焚，逸書百篇今尚存。"蓋想像之言。實有奝然未獻之籍。《崇文總目》：鄭康成注《孝經》一卷，先儒多疑其書，唯晉荀昶《集解》以此注爲優，請與孔注竝行，詔可。今太學所立陸德明《釋文》與此相應。五代兵興，中原久逸其書。咸平中，日本僧奝然以此書來獻，議藏祕府。《直齋書錄》云：按《三朝志》：五代以來，孔、鄭注皆亡。周顯德中，新羅獻別序《孝經》，即鄭注者。而《崇文總目》以爲咸平中日本僧奝然所獻，未詳孰是。案，《文昌雜錄》云：周顯德六年，高麗遣使獻別序《孝經》一卷、越王《孝經新義》八卷（餘略）。別序者記孔子所生及弟子從學之事云云，與《三朝志》所記時代合。惟別序非鄭注，其文甚明。《宋史·日本傳》：雍熙元年，日本僧奝然浮海而至，得《孝經》一卷，即鄭注者。合而觀之，則別序《孝經》爲周顯德中高麗所獻，鄭注《孝經》爲宋初日本僧奝然所獻，《三朝志》始誤合二書爲一耳。（獻別序《孝經》，《高麗史》在光宗光德十年。）遠則藤原《目錄》，既騰耀於彼邦；日本陸奧守藤原佐世撰《日本見在書目錄》，黎庶昌刻之《古逸叢書》中。其書成於寬平中，當中國唐昭宗時，所記多隋、唐《志》所不著錄之書，詳狩野直喜《日本國見在書目錄考》。近則山井《考文》，亦揚聲於中土。日本西條侯掌書記山井鼎撰《七經孟子考文》，阮元得其書，刻之。狩野直喜《七經孟子考文補遺考》云："山井本姓大神氏，名鼎，字君彝，號崑崙，又稱善六，又名重鼎，爲物徂徠弟子。其書成於亨保十一年。逾四年，徂徠之弟東都講官物觀復成《補遺》。"案狩野文記載考證極詳，盧文弨《七經孟子考文補遺題辭》云："七經者，《易》《書》《詩》《左傳》《禮記》《論語》《孝經》也，又益以《孟子》，皆據其國相傳之古本及宋刻本以校明毛氏之汲古閣本。古本衹有經與注文，其增益異同往往與《釋文》、《正義》語多相合，但屢經傳寫，亦有舛譌。其助語致多，有灼然知其謬者，亦並載入，然斷非後人所能僞作也。"楊守敬《日本訪書志緣起》云："《考文》一書，山井鼎校之於前，物觀又奉敕校之於後，宜若彼國古本不復有遺漏。不知《考文》刊於亨保中，當我康熙末（當云雍正初），其時彼國好古之士亦始萌芽，故又傳《易》單疏本、《尚書》單疏本、《毛詩》黄唐本、《左傳》古鈔卷子本，皆《考文》所未見，其他遺漏何怪焉？"又葉德輝《郋園讀書志》謂以亨保刻本校阮氏《校勘記》，異處甚多。即校阮刻此書，阮刻亦時譌誤云。若夫皇侃《論語》、魏徵《治要》、《佚存》彙刻、《古逸》叢刊，雖已播諸士林，或亦未爲定本。楊守敬《日本訪書志緣起》云："皇侃《論語疏》、《群書治要》及《佚存叢書》久已傳於中土，此錄似無庸贅述。然《皇疏》有改古式之失，《治要》有鈔本、活本二種，他如《古文孝經》《唐才子傳》《臣軌》《文館詞林》《難經集注》,彼國亦别本互出,異同疊見,則亦何可略之?"案皇侃《論語義疏》爲根本遜志(字伯脩,號武夷)所校刊,與山井君彝作《考文》同時,鮑淥飲據以覆刻。島田翰《古文舊書考》所載《論語義疏》有曆應鈔卷子改摺本、寶德鈔本、永正鈔本,云:"根本伯脩所校刊,改换體式,一傚《邢疏》,六朝舊容,杳不可知,學者惜焉。故清儒疑其體式非六朝人所作,實係足利雁鼎,又何可諉哉?"據島田説,則伯脩改亂《皇疏》,幸有舊鈔可證。孫詒穀《讀書脞録》云:"皇侃《論語義疏》十卷,當南宋時已佚,故朱子亦未之見。近始與《古文孝經》《孔傳》並得之日本國中。嘗取二書衡量之,則《孔傳》雁而《皇疏》似真也。其中遺文佚事,若管仲奪邑之伯氏名偃、公冶長辨雀語、張石虎難夷齊之類,洵足以資多識而廣異聞。且所采舊説數十家,標新領異,非唐以後人所能僞撰。然文經與今本多異,其合於史書徵引者,似可擇善而從,而流傳既久,亦容有彼國人之竄改。如'子行三軍則誰與',《釋文》云:'與皇音餘'。而今本《義疏》云:'若行三軍,必當與己'。是仍讀如字,而不音餘也。'子溫而厲',《釋文》云:'皇本作君子。'今《義疏》本仍作'子',吾不能無疑焉。好古之士當分别觀之,而不徒震爲異域之祕書,斯可已。"○案"與己"之言本出《邢疏》,或伯脩所改,其無'君'字,亦疑伯脩去之,惜不得鈔本一證之也。○《群書治要》唐魏徵、虞世南、褚亮、蕭德言等撰,事見《唐書·蕭德言傳》及《唐會要》。《玉海》是書前有明五年細井德民序,日本活字本伍崇曜刻入《粤雅堂叢書》中。《古文舊書考》云:"予以元和活字本對校祕府卷子本,稍有異同。方其入梓時,撲塵掃葉,固不爲無功,然其間有原本不誤卻所妄改者。魏序'乖得一之旨','乖'上御本有'彌'字;目録二十、三十、四十、五十等字,並作廿、卅、卌、卌。目録第卌二《鹽鐵論》《新序》,御本作《新序》《説苑》。第卌三《説苑》,御本作《鹽鐵論》《桓子新論》。第卌四《桓子新論》《潛夫論》,御本'桓子新論'四字無。第卌八《體論》《典語》,御本'體論'下有'時務論'三字。活字本'貞'字皆闕末筆,御本不闕。'乾,問以辨之',又'同人君子以類族辨物',二'辨'字御本並作辯。《屯》注'莫善於建侯',《賁》注'乃得終吉也',《習坎》注'故得保其威尊','侯'下、'尊'下並有'也'字,'也'下有'之'字。《蹇》注'志匡王室者也',御本'匡'作'廷'。《益》'自上下',御本'下'下有'下'字。《鼎》'聖人以享上帝',御本'人'下有'亨'字。《艮》注'事光明',御本'明'下有'也'字。《節》注'爲節過時',御本'時'作'苦'。《中孚》注'柔有内',御本'有'作'在'。《繫辭》二字欄上,御本'繫辭'二字横書。御本'聖人有以見天下之賾'云云句,直接上'易行乎其中矣'句。'存其位者也',御本'存'作'在'。'治容誨淫',御本'治'作'冶'。御本'《易》曰困於石據於蒺藜'云云,直接上'禁民爲非曰義'。又'履,德之基',别注'能成可久可大之功','基'下、'功'下並有'也'字。'範圍擬範天地’，御本‘圍’下有‘者’字，‘以成化生’下御本有‘也’字。‘乘釁至而也’，御本‘至而’作‘而至’。又‘昔者聖人’以下四十一字，《說卦》文也，非《繫辭》文也，而卷子本加之於《繫辭》中，此恐錯誤。卷第二《尚書》‘虞舜側微’以下，御本别行平頭，‘側’作‘仄’，注：‘不有迷錯僭伏’，御本‘僭’作‘僣’，案僭文愆字。修身已其，御本‘其’作‘甚’。辯給之言，御本‘辯’作‘辨’。‘政事懋哉懋哉’，案今通行《尚書》此句見《皋陶謨》中，而‘帝曰吁臣哉鄰哉’句則《益稷》之一節也，而今兩相接，舊《尚書》《皋陶謨》《益稷》相連，今考御本又如此，乃知卷子本不但有異同，又可以知舊本之卷第矣。他異同極多，錄具於《群書點勘》。”云云。蕭文休之《大義》，背記足珍；蕭吉《五行大義》，《唐志》作《五行記》，日人一色時棟得古鈔本，刻之於《佚存叢書》中，鮑淥飲復刻之於《知不足齋叢書》。森立之《經籍訪古志》所載有舊鈔卷子本，云：“筆畫古雅，多用六朝俗字，審是七百年外舊鈔也。每卷背記滿紙，引用諸書，如《玉篇》《切韻》《東宫切韻》、陸法言、長孫訥言、孫愐、郭知玄、韓知十、麻杲等韻書，近世失傳者，得籍以窺逸文，實罕覯之祕籍也。”島田翰所記尤詳，尚有曹憲、釋弘演、薛峋、武玄之、王仁煦、祝尚丘、沙門清徹、孫伷及《韻略》之屬。又謂今所傳《五行大義》以是書爲第一，高野山舊鈔冊子本次之，而一色時棟所刻則以重寫舊鈔本爲藍本。又云：“是書背記標記所引用古韻書，誠是吉光片羽，所宜寶重，乃竝錄之於下方，並以他舊鈔本引用附焉，姑名之曰《吉光韻書》（文繁不錄）。”○案，王國維《唐諸家 < 切韻 > 考》甄錄佚文甚詳，而此所引則王氏所未及。島田氏又謂：“他出於舊時鈔寫者，行間背記皆引古韻書，即如唐寫《揚雄傳》載《韻詮》卷子本、《玉燭寶典》錄《東宫切韻》，是也。外此，《新撰字鏡》等古書亦多援引佚書，少有意於蒐輯之，而匆匆以事未暇也，錄之以爲他日券。”杜臺卿之《寶典》，闕篇可補。《古文舊書考》載有《玉燭寶典》卷子本，云：“黎氏《古逸叢書》本以影錄祕府貞和鈔本爲藍本，而卷第九則屬闕逸。今是書裝成卷子，相其字樣、紙質當在八九百年外矣，而卷第九尚儼存，卻佚卷第七後半。貞和本末卷往往用武后制字，餘卷不悉然，今是書比之於貞和本，語辭更多，且通篇用新字，其數多至十三字，知其來此御本更在遠也。聞侯爵前田氏又藏足本，惜未見。”○案此書多引蔡邕《月令章句》，葉德輝輯《章句》時據黎本錄入，遂超舊日諸輯本上，而疏略實甚，有以刻本篇葉顛倒而不知爲《章句》之文者，又脱“中央土”一段。島田氏亦拳拳於蔡氏之書，錄《寶典》第九卷於《群書點勘》中，苟取以補葉輯《章句》，正其佚脱，則善本矣。斯其最著者也。他如平叔《論語》，存天地何言之文；《古文舊書考》載《論語集解》嘉曆鈔卷子改摺本云：“是書校之於正平本，除《公冶長》篇，盍各曰爾志，曰作云，少者懷之下，是本有'孔安國曰:懷,安也'七字。《陽貨》篇:'天何言哉?四時行焉,百物生焉,天何言哉?'作'天何言哉?四時行焉;地何言哉?百物生焉。'"○案《經籍訪古志》載《論語集解》舊鈔本十餘種,《日本訪書志》亦載古鈔卷子改摺本,又日本正平刊本《論語集解》。楊氏謂其字體出於古卷軸,絕不與宋槧相涉,觀邢氏《疏集解序》之語,(序云:"合集諸家之善,記其姓名。"《邢疏》云:"注言包曰、馬曰之類是也。注但記其姓,而此連言名者,以著其姓所以名其人,非謂名字之名也。")則知其所見惟存姓削名之本,(此本不知始於何時,大抵長興刊布之本。案《魏志·王肅傳》注:周生烈爲複姓。今但稱周曰,其不學可知,及朱子作《集注》,沿其例,盡削所引諸家之名,遂至明道伊川不分。)並不悟何氏原本皆全載姓名,(唯包氏不名,以何氏諱咸故。)望文曲解,何殊郢書燕說乎?輔嗣《道經》,疑戰勝凶禮之說。《古文舊書考》有《老子》嘉禎鈔卷子本,云:"予幼時讀《老子》,輒疑王弼之注八十一章,莫章無注,而獨於三十一章闕之。又怪其有上將軍偏將軍及吉事尚左凶事尚右之語,又私陋注者之引《左傳·昭公二十八年》閻沒女寬言、《禮記·檀弓》及《左·桓八年》季梁言,曲護之也。歲二十,讀祕府之《道藏》,而後始信茲章係於攙入,非其舊本面目也。王應麟《困學紀聞》引晁景迂云:'王弼注《老子》,知佳兵者不祥之器,至於戰勝以喪禮處之,非《老子》之言。'而《道藏》本宋董思靖《道德真經集解》,於三十一章下則稱王弼云:'此章疑非老子所作,然此語蓋因時而發也。'又《道藏》本宋彭耜《道德真經集注雜說》卷上,亦載王弼注《道德》,以《佳兵》《民之飢》二章疑非老子所作。此注今本皆佚,但嘉禎元年(當宋端平二年)鈔卷子本獨尚儼存,其闕佚久矣,予考三十章之義在論兵,即今之所謂三十一章者,當是三十章注語所攙入,誤而爲正文矣。"○案武內義雄《老子原始》引敦煌本《玄言新記》載王注,與董忠靖同,王氏之所疑未必是(別有辨),而今本遽刪此注,亦非也。《戴記》舊疏,足考唐人所資;《籀廎述林》:"《禮記子本疏義殘本跋》云:群經義疏之學權輿於六朝,唐貞觀群儒根據舊疏,綴集刪定,以應敕旨,而遽尸其大名,實則平議之精審,援證之奧博,皆由於作奏之葛龔爾。六朝舊帙存者,惟皇侃《論語義疏》猶完具,而徐彥《公羊疏》或謂即徐遵明,則苦無塙證。此外咸湮滅不傳。是書爲日本國島田翰所得殘本,僅存第五十九卷《喪服小記》半篇,疏中有灼案云云,島田氏據《陳書·儒林傳》定爲鄭灼鈔《皇疏》爲之。《隋志》所載之皇氏《禮記義疏》有二部,其九十九者即此本。滕原氏《日本國見在書目》,著錄《禮記子本義疏》百卷爲并目錄數之,其考證頗詳塙。《隋志》不著灼名,而《陳書》灼本傳亦不著此書子本之名,他書未見,疑即灼所題以別於皇侃原本者,子本猶別本云爾。大抵六朝經儒喜爲鈔集義疏之學,考隋、《唐志》著錄一經多至數十家者,或不著姓名,或一人之書而有數帙,職是故也。灼爲皇氏弟子,此本即全錄師說,其所增補,或駁正他說者,皆著名以別之,則知凡不著名者皆皇義也。此實遠勝唐人之乾沒舊疏。其所援引馬融、王肅、劉智、蔡謨、庾蔚之、賀瑒、崔靈恩佚說甚多,尤足寶貴。唐修《三禮疏義》,孔氏《禮記》最爲詳博,即以皇氏及熊安生兩家爲藍本,以此卷校之,剽襲之跡昭然,足以發沖遠之覆矣。其稅服《疏義》引《左氏・僖三十三年傳》無禮則脫,服本作兌,注云:兌,不慮也,與杜本作脫異,今《孔疏》不載,近人采輯《左傳解詁》者皆未見此條,亦可據以校文補闕,蓋不徒禮服古籍,義存一二已也。"〇案《古文舊書考》具載全文,島田彥禎謂:隋唐之際,流俗誦灼書,誤趙侃名,大謬。皇、鄭各自爲書,鄭就《皇疏》補加案語,不得云非侃作也。《蕭選》注家,遂超六臣以外。日本所傳鈔本《文選》,有三十卷無注本,有百二十卷集注本。其三十卷本,則《經籍訪古志》載《文選》零本一卷,云:見存本第一卷一軸,首有顯慶三年李善《上文選注表》、梁昭明太子撰《文選序》,後接本文,題《文選》卷第一賦甲,次行京都上、班孟堅《兩都賦》二首並序、張平子《西京賦》一首。界長七寸五分,幅一寸,每行十三字。卷末隔一行題"文選卷第一",不記鈔寫年月,卷中硃墨點校頗密,標記旁注及背記所引有陸善經、善本、五臣本、《音訣》《鈔》《集注》諸書及今案云云語,考字體墨光當是五百許年前鈔本。此本無注文,而首冠李善序,蓋即就李本而單錄出本文者。又舊鈔卷子本《吳都賦》數紙,云:當亦依李善本錄出者。《古文舊書考》載殘卷子本《文選》二卷,云:經稱九經,集首《文選》。是先民之所以戶誦家傳不措,而師授之重,守之如律令,因仍習襲,從而不改。嗚呼!師道之尊,其學之司命與?學而無師,猶不學。漢儒雖不逮古,而師資之益猶汲汲焉,經魏晉至六朝,師傳之不絕如線,及唐而盡矣。依是觀之,九經之有師授,其事已足以千古。而我則自諸子集部之末,其讀法之異,句法釋義之別,皆有所授受,是方俗之所以謹厚不敢爲高明,而舊本之所以至今不亡也。《文選》之見於史者,以《續日本紀》爲首,曰:袁晉卿唐人也,天平七年(當唐開元二十三年),從遣唐使來歸,通《爾雅》《文選音》,因授太學音傳士。又延曆十七年(當唐貞元十四年),太政官宣載(《史記抄》引之)大學生年十六以下欲求史學者,先令讀《爾雅》《文選音》(中略)。夫其流傳如此其久也,其誦習又如彼其盛也。宜乎《文選》之舊本其流傳極多,予所觀尚有數通,然皆非五臣本則六臣本,而單行則唯此書一通而已。是書今所存僅二卷,而依其卷第攷之,則蓋爲三十卷本。三十卷本者即蕭統之舊也,且無注文,而其所載本文則鑿鑿與李善本符,是其爲李善所原之藍帙也可知矣。《西溪叢語》有宋玉《神女賦》訛誤云:後人謂襄王夢神女非也,今本《文選》玉、王字差誤,姚寬在宋已以爲當時誤傳,而宋本、今本皆以爲王夢神女。今觀此本所存《神女賦》,王與玉正與今本相反,蓋夢之者宋玉,問之者即襄王也,文義於是始歸於正矣。校勘之不可忽,而古文舊書之不可不貴,如此。《日本訪書志》載古鈔《文選》一卷,云:此即日本森立之《訪古志》所載溫故堂藏本也。後爲立之所得,予復從立之得之。《訪古志》云云(見上)。守敬案,此一與森説合,然謂就李本單錄出者,則非也。今細案之,此本若就李本錄出,李本已分《西京》爲二卷,則錄之者必亦二卷。今合三賦爲一卷,仍昭明之舊,未必鈔胥講求古式如此。《東都賦》"子徒習秦阿房之造天"標記云:"善本'秦阿'無'房'字,五臣本'秦阿房',或本又有'房'字。"今以善本、五臣本合校此本,此不從善本出之切證也。又篇中文字固多與善本相合,然亦有絕不與善本合者。(善之學識精博,迥非五臣所及,五臣又後於善注,更經傳鈔,宜其多謬也。)《西都賦》無"衆流之隈,汧湧其西"八字,與《後漢書》合,與陳少章説合。"度宏規而大起",王懷祖謂善本作"慶",今善本作"度"者,以五臣亂之,其説是也。此本作"度",與《後漢書》合,亦見其非從善本出也。"平原赤土,勇士奮厲"標記云:"此二字陸有之,又鹿本有之,師説無'土'、'奮'字,五臣無此二字。"案今善本亦無此二字。《東都賦》"乃動大路",不作"大輅",與兩本皆不合。"其詩曰"下即接"於昭明堂"云云。其《明堂詩》《辟雍詩》《靈臺詩》《寶鼎詩》《白雉詩》各題,皆在各詩之後,與《三百篇》古式同。今各本題皆在詩前,非也。各本有"嘉祥阜兮集黃都",此本無此句,與《後漢書》合。《西京賦》"繚亘綿聯"標注云:"本注,'繚亘,猶繞了也。'臣善曰:'亘'當爲'垣'。"然則薛注本作"繚亘",善注本始爲"繚垣",此本作"亘",又足見其本在善未注之前也。"衍地絡"標記云:"陸曰:'臣善以善反,申布也。'"又記云:"'衍'五臣作'之舒布也'。"按,《集韻》:"衎,申布也。"則善本作"衎",五臣作"衍",此與五臣合。今善本作"衍",非也。"獨儉嗇以偓促",今各本作"齷齪",不相符。蓋日本鈔古書,往往載後來之箋注序文,如《孝經》本是明皇初注本,而載元行沖《孝經疏序》。其他經書經注本,又往往載孔穎達之疏於欄格上,蓋爲便於講讀也。鈔此本者固原於未注本,而善注本已通行,故亦以冠之也。《訪書志》又載古鈔殘本二十卷,云:古鈔無注《文選》三十卷,闕一、二、三、四、十一、十二、十三、十四、十七、十八卷,存二十卷。《文選》本三十卷,李善注分爲六十卷,五臣仍三十卷。自後蜀毋昭裔刻《五臣注》三十卷,北宋刻善注合於五臣,其卷則從善注。兩本所據之本多不相合,雖略注異同,亦時多漏誤。逮尤延之刻《善注》,又從五臣本抽出。故兩本互亂之處遂不能理,其詳已見鄱陽胡氏之《考異》。此無注三十卷本蓋從古鈔卷子本出,並非從五臣、善注本略出。何以知其然?若從《善注》出,必仍六十卷。若從《五臣》出,其中文字必與《五臣》合。今細校之,乃同《善注》者十之七八,同《五臣》者十之二三,亦有絕不與兩本相同,而爲王懷祖、顧千里諸人所揣測者。又有絕佳之處,爲治“選學”者共未覺,而一經考證,曠若發曚者。蓋日本所得中土古籍,自五經外,即以《文選》爲首重,故其國唐代曾立《文選》博士(見其國《類聚國史》)。今古鈔卷子殘帙,往往存收藏家(余亦得二卷)。此本頗有蟲蝕,相其紙質、字體,當在元、明間。旁注倭文,又校其異同。其作“亻”者,即“作”字之半,皆校者之省文,與卷子本《左傳》同。其款式則首行題“《文選》卷第五”,旁注“賦戊”,下題“梁昭明太子撰”。以下一卷子目與善本合,五臣本每卷不列子目,而以總目居前,非古式也。每半葉八行,行十七字,字大如錢,必從古卷抽出也。今中土單行善注原本已不可得,尚何論崇、賢以前。其中俗字不堪縷舉,然正惟其如此,可以深信其爲六朝之遺。今爲出其異同(別詳),世有深識之士,爲之疏證,當又爲治“選學”者重增一公案也。○案楊氏所舉《西京賦》“繚亘緜聯”一條、“衍地絡”一條標記,俱本是臣君曰,非臣善曰。又“相羊乎,五柞之館”標記云:“相羊,仿羊也。臣君云:‘聊遙逍以相羊。’”亦作臣君,不作臣善也。木玄虛《海賦》,“朱𤓰綠煙,腰眇蟬蜎”下,鈔本多“珊瑚琥珀,群產相連,硨磲馬瑙,淵積如山”四句。黃季剛跋徐君行可所藏鈔本云:“《海賦》多出十六字,不但六臣所無,何、余、孫、顧所未見,即楊翁藏此卷子於篋,衍數十年,殆亦未發見矣。豈徒《神女》玉、王互譌證,存中之妙解,《西京》戈、弋不混,驗屺瞻之善讎乎?且崇賢書在,北海解亡,此編原校引書獨有君臣之說,是則子避父諱,其爲北海之作,焯爾無疑。陸善經見之,卷子引之,逸珠盈椀,何珍如是?行可能藏,侃能校,皆書生之幸事也。”承周案,徐本即得於楊氏者,黃氏謂臣君爲北海稱崇賢語甚塙。《文選》任彥昇《奏彈曹景宗文》,首言“御史中丞任昉稽首言”,古鈔本任昉作“任君”。(篇末亦有“臣君稽首以聞”句,刊本無之。)《奏彈劉整》,文首亦言“御史中丞臣任昉稽首言”,《集注》本任昉作“任君”。《文苑英華》載徐陵《與章昭達書》,首稱“君白”,末稱“徐君呈”;《答周處士書》、《答諸求官人書》,末並稱“徐君白”,此皆沿其家集避諱不改,可互證也。又《頭陀寺碑文》“信荆南之奧區,楚都之勝地也”,今各本皆脱“荆南之奧區”五字,惟此本有之。《西都賦》篇題上有標記云:“摯虞《流別集》云:‘《兩都》精而辨,《二京》恢而富。’”(“恢”原作“恔”,案《南齊書·陸厥傳》云:“孟堅精當,《詠史》無虧於東主;平子恢富,《羽獵》不累於憑虛。”蓋即祖述仲冶之言,今據改)。嚴景文輯本無此條,亦無媿一字千金之目,此皆黃氏之未及,故表出之,其他文字之異不復覼縷也。○其百二十卷本,則《經籍訪古志》載舊鈔卷子本,云:見存第五十六、第百十五、第百十六,合三卷。每卷首題《文選》卷幾,下記“梁昭明太子撰”及“集注”二字。界長七寸三分,幅九分,每行十一字,注十三四字。筆跡沈著,墨光如漆,紙帶黃色,質極堅厚,披覽之際,古香襲人,實係七百許年舊鈔。注中引李善注及五臣、陸善經《音決》《鈔》諸書，注末往往有"今案"語，與溫故堂藏舊鈔標記所引合。就今本考之，是書似分爲百二十卷者，但集注不知出於何人。或疑皇國紀傳儒流所編，注者與其所引陸善經《音決》《鈔》等書逸亡已久（陸善經注《文選》，編檢史志，不載其目。考藤原佐世《見在書目》：《文選音決》十卷，公孫羅撰；《文選鈔》六十九卷，公孫羅撰。又載《文選鈔》三十卷，闕名氏，未知孰書。第一百十五卷首題云：今案鈔寫郭林宗。）今藉以存其崖略，豈可不貴重乎！小島學古云：此書曾藏金澤稱名寺，往歲狩谷卿雲清川吉人一閱。歸來，爲余屢稱其可貴。而近歲已歸於賜蘆之堂，故得縱覽。此本曾在金澤，而無印記，當是昔時從他假借流連者矣。近日小田切某又得是書零片二張於稱名寺敗簏中，一爲第九十四卷，一不知卷第，今歸僧徹定架中。聞某氏亦藏第百二卷，他日當訪之。羅振玉印《文選集注》殘卷，敘云："日本金澤文庫藏古寫《文選集注》殘卷，往在京師得一卷，珍如球璧。宣統紀元再遊扶桑，欲往披覽，匆匆未果。乃遣知好往彼移寫，得殘卷十有五，其本歸武進董氏，予勸以授之梓，董君諾焉。予以與善注本詳校，異同甚多。予先後得二卷，東友小川節齋君得二卷，海鹽張氏得二卷，楚中楊氏得一卷，今在文庫者多短篇殘紙而已，其海東藏書家尚存幾許，則不可備知也。予所藏二卷即就原本印之，不復傳寫，以存其真。張氏藏卷聞將自印於上海，乃去此二卷，仍得十有六卷，乃稍稍可流傳矣。然距影寫時則已十年，其卒得印行亦幸也。諸卷中，其第百十六前半據東友所藏謄寫小字本鈔補，小字本至"元戎啟行衣冠未緝"注止，而原本則自"衣冠未緝"二句起，此二句之注，兩本詳略互異，不知他注何如，惜無從比勘。似此書原本外尚有謄寫別本，且與此本有異同，而未聞東邦學者言及之，附記於此，俟他日訪焉（目略）。"○案，羅氏印行者十有六卷，今日人新印者十五卷，其五卷在羅本外。《舊唐書·儒學·曹憲傳》云：初江淮間爲《文選》學者本之於憲，又有許淹、李善、公孫羅，復相繼以《文選》教授，由是其學大興於代（《新唐書》略同，惟增魏模）。又云：公孫羅，江都人也，歷沛王府參軍、無錫縣丞。撰《文選音義》□卷，行於代。又《經籍志》云：《文選》六十卷，公孫羅撰；又《文選音》十卷，公孫羅撰（《新書》略同）。以日本藤原佐世《見在書目》證之，則鈔本及《集注》所引鈔曰，即《唐志》六十卷本也，所引《音決》，即《唐志》之《文選音》也（《崇文總目》：《文選鈔》十二卷，未知誰書）。惟《見在書目》稱《文選鈔》六十九卷，與《唐志》異，或九字誤衍，或後人所附益。公孫羅與崇賢竝世，俱以選學著稱，而中土久失其書，學者幾不能舉其人。其遺說之見於中土書籍者，惟《南都賦》注一條見引於劉賓客《嘉話録》（《唐語林》引，以上下文例之，知爲《嘉話録》）。而此殘卷則所存獨多，其功大矣。陸善經，兩《唐書》無傳，《志》亦不載其書。開成石刻，李林甫等進《月令注表》，稱同撰注人有河南府倉曹參軍陸善經

（注《月令》事亦見《新志》子注中，無銜名）。日本古鈔卷子本《蒙求》，載李良《薦蒙求表》，後有題識云"天寶五年，八月一日，饒州刺史李良上表，令國子司業陸善經爲表"云云，則善經先爲河南府倉曹參軍，後官至國子司業也。《新志》子部有陸善經《注孟子》七卷，陸善經刪趙注，見《崇文總目》（孫奭《孟子音義》多引其說，馬竹吾輯本，不云詳何人，疏矣）。其注《文選》事，則《玉海》五十四引《集賢注記》云：開元十九年三月，蕭嵩奏王智民、李元成、陳居注《文選》。先是，馮光震奉敕入院校《文選》，上疏，以李善舊注不精，請改注，從之。光震目注，得數卷，嵩以先代舊業，欲就其功，智明等助之。明年五月，令智明、元成、陸善經專注《文選》，事竟不就。蓋善經初受命與王、李同注，後乃發憤獨成之也。日人新印本佚出羅本外者五卷，未得校其異同，略舉羅氏所印，勝於中土舊本者數事。江文通《雜擬》（王侍中粲）："嚴風吹若莖"（五臣"若"作"枯"），李注引賈逵《國語注》曰："若，木晚矣。"諸本並同。《集注》本正文作"苦莖"，注作"苦，木脆也"，此齊語辨其功苦之注，今韋解即用賈義。五臣作"枯"，枯、苦音近，呂向曰："枯木之莖，喻危脆也。"義亦不異。今本譌亂不可解。汪小米輯《國語三君注》，於此文遂不知所附麗矣。又如任彥昇《奏彈劉整文》，汜毓字孤，家無常子，注引王隱《晉書》："汜毓字稚春，濟北人也，敦睦九族，青土號其家兒無常母，衣無常主也。"各本皆同。《集注》本"青土"作"兖土"，考《晉書・地理志》：濟北郡屬兖州，不屬青州也。其他異同甚衆，不可殫述矣。敦煌所出，亦有唐寫《文選》殘卷，詳下。《左傳》則溯遺跡於清原。島田翰《古文舊書考》云："舊鈔卷子本《春秋經傳集解》者何也？六朝之遺經，而王段吉備氏之所齎，音博士清原氏世世相傳以授於北條氏者也。邇來歷世既久，六朝隋唐之遺卷，喪脫殆盡。其幸而出於兵火之餘，免於蠹魚之厄，僅存於今日者，有若《論語義疏・述而篇》，有若《漢書・食貨志》及《揚雄傳》，邦人所傳寫，則又有若《禮記子本疏義》卷第五十九，若《群書治要》殘本四十七卷，及若《文館詞林》，皆是當日使臣所齎而來。裝成卷子，實存六朝之舊容，其斷簡零編，猶可寶弆。而是書三十卷巍然獨若靈光之存，豈非至寶哉？蓋經文之存於今日者，唐《群書治要》、開成石經、陸元朗《釋文》、孔沖遠《正義》爲最古，而是書較諸四本頗有異同，往往與漢晉古籍所引合，又多與陳隋人所載符，則其爲六朝之遺經，而非唐本亦可知也，而其精者又非石經、《釋文》所能及。即如年首經傳二字皆在欄上，是始合經傳時所題以別之，其在欄上，體例固當然也。開成之刻於石既無欄界，故連書之。而北宋以來刻本皆入諸欄內，與本經無別。《僖二十八年傳》：'曹人兇懼。'石經以下皆同，而是本作'兇兇懼'，注云：'兇兇恐懼聲'，而與《荀子》'聽漠漠以爲啕啕，韓子是何匈匈也'句例正同，然則魏晉傳本之必作‘兇兇懼’亦以明矣。是書之存,始可以得讀杜注矣。《三十三年傳》:‘不替孟明,孤之過也。’‘明’字下有‘曰’字,與《文選·西征賦》注及《白氏六帖》所引同,蓋不替孟明曰,乃記者之詞,而自‘孤之過也’以下方是穆公語也。自開成石經始脱‘曰’字,而宋本以下皆沿其誤,不知復有‘曰’字也。《隱元年傳》:‘其樂也洩洩。’‘洩洩’作‘泄泄’,此唐已前未避諱之驗。《襄二十八年傳》:‘武王有亂臣十人。’‘亂’下無‘臣’字,與《論語釋文》符,可爲攻僞古文者增一左證。”(唐石經《尚書》原無“臣”字,説見上,以攻作偽者,作偽者不受也。)《日本訪書志》云:“初,森立之爲余言,日本驚人祕籍以古鈔《左傳》卷子本爲第一,稱是六朝之遺,非唐、宋本所得比數。此書藏楓山官庫,不許借出,恐非外人所得見。余向書記官嚴谷修訪之,則云徧覓官庫中未見。余深致惋惜。迺以所得小島學古所摹第三卷首半幅刻之《留真譜》中,冀後來讀者訪之。立之又爲言,此書不容遺失,具道是如何櫝藏之狀。復以白嚴谷。忽一日來告,云此書無恙。余即欲借出一觀。嚴谷云:‘此非吾所敢任。’余謂貴國有此奇書,韞櫝而藏,何如假吾傳錄於西土,使海内學者得覩隋唐之遺,不猶貴國之光乎?嚴谷展然,即徧商之掌書者借出,限十日交還。書至,果卷子三十,無一殘闕,紙質堅紉,蓋黄麻也。每卷有‘金澤文庫’印,卷後有‘建長八年參河守清原、建保三年清原仲光、文永五年音博士清原等校勘’題記。余乃倩書手十人至寓館,窮日夜之力,改爲摺本,影鈔之,刻期書成。其中異同,真令人驚心動魄。多與陸氏《釋文》所稱一本合,真六朝舊笈也。其有《釋文》不載,爲唐石經、宋槧本所奪誤者,不可殫述。今第舉一二大者。如《昭公二十七年傳》:‘夫鄢將師矯子之命,以滅三族。三族,國之良也。’今各本不疊‘三族’二字,得不謂是唐石經以下之脱文乎?如《莊十九年傳》:‘鬻拳可謂愛君矣。’注:‘楚臣能盡其忠愛,所以興。’各本‘楚’下無‘臣’字,尚可通乎?又如《隱九年傳》:‘衷戎師。’注:‘以過二伏兵。’各本‘過’作‘遇’,山井鼎所見興國本亦作‘遇’,旁注‘別本作過’,蓋校者據此本耳。而阮氏《校勘記》非之。竊謂此一字千金也。蓋祝聃引戎師,超過二伏兵,至後伏兵,後伏兵起,戎還,二伏兵禦其前,後伏兵擊其中,祝聃反逐其後。故注云:‘前、後、中三處受敵。’衷戎師之情暴如繪。若初即已遇見二伏兵,戎師不鬥即還走矣,安得更隨祝聃至後伏兵處乎?此得不謂宋槧以下妄改乎?至如何義門所據‘死而賜謚’,古刻多然,此類不足稱説矣。”楊《志》又載有《左氏春秋》殘卷云:“自《昭公二十七年傳》‘惠已甚’起,至三十二年‘民忘’止。相傳爲唐人筆,書法精美,紙用黄麻,信奇蹟也。注文腳多‘也’字,余別有詳校本,今錄其最異者:經文‘二十’、‘三十’、‘四十’竝作‘廿’、‘卅’、‘卌’。注‘令終陽匄’作‘陽匄正子’也。注‘子梁,宋樂祁也’,‘祁’下有‘犂’字。《傳》‘乃辭小國’,‘乃’作‘則’。《傳》‘以滅三族,國之良也’,‘三族’

二字疊文,按文義,則不疊非也,自唐石經以下皆脱。《傳》'是瓦之罪','罪'下有'也'字。'晉祁勝與鄔臧通室','鄔'作'鄡',與石經合;'民之多辟','辟'作'僻',與《釋文》合。注'母氏性不曠','不曠'作'不廣'。《傳》'忿纇無期','纇'作'類',與《釋文》一本合。《傳》'共子之廢','共'作'恭',上有'與'字,按文義,有'與'字爲長。《傳》'聞其聲而還',無'其'字。《傳》'爲鄔大夫','鄔'作'鄡',上下注同,與石經合。'御以如皋','皋'作'睪',古字通。《二十九年傳》'塹而死','塹'作'壍',注同。《傳》'能飲食之','之'作'龍'。《傳》'賜氏曰御龍','龍'下有'氏'字。注'在襄二十四年','在'上有'事'字。《三十年傳》'有所不獲數矣','數'上有'禮'字。《傳》'吴子問於伍員','伍'作'五';'楚執政衆而乖','政'下有'者'字。'以待子之察也','察'上有'之'字。按,唐石經此行計九字,是原刊有'之'字;'亦唯君'作'唯命'。《三十一年》:'秋,吴人侵楚。''人'作'子'。'莒牟夷'注:'在五年',作'在二十五年'。"《蒙求》則徵舊文於李瀚。《日本訪書志》載古鈔《蒙求》一卷,云:"李瀚《蒙求》,《唐志》不著録,《崇文總目》始載之。案《唐志》有王範《續蒙求》三卷,則知必有李瀚書,傳刻者脱之。日本所傳本有二種:一爲舊注本,即李瀚自注;一爲徐子光補注本。自補注本行,而舊注本遂微。寬政十二年,有龜田興者覺舊注本雖不出書名,而所引多逸聞逸事,知其必有根據,因復據傳鈔數本校刊之。謂'范張鷄黍'出於謝承書,'賀循儒宗'出何法盛《晉中興書》,'劉寵一錢'出司馬彪,'李充四部'出臧榮緒,而舊注未舉書名。徐子光不推究其根源,唯據范蔚宗書。唐修《晉史》,'私用芟薙,擅自增損'云云。所詆頗中其失。獨怪李瀚作《蒙求》而自注之,當必原委粲然,如吴淑之自注《事類賦》,豈有不注所出,開學者飣餖之門,唐人無是也。余乃得此古鈔本一卷,其原係用墨絲欄作卷子本,後乃裁改摺本,字體古雅,墨色沈厚,絕似古鈔《玉篇·放部》及卷子本《左傳》,相其筆跡,當在唐宋間。有'補家藏書'印,亦不知爲人。首李良表,表後題'天寶五年八月一日饒州刺史李良上表,令國子監司業陸善經爲表,表未行而良授贊事(疑當是'受替','事'字下屬)。因寢'。"次李華序,而不出華名,但題'《蒙求》本序'。下題'安平李瀚撰並注'。其序文又截'《周易》曰'以上不録。按李良表明稱有李華序,此本截之者,當是鈔者省略。首題'《蒙求》上卷',自'王戎簡要'起,至'蔡邕倒屣'止,蓋通爲上、下二卷(各本皆作三卷)。篇中每注皆出書名,今略舉其大者:序文、王子淵《洞簫賦》及'馬援銅柱','淵'字並作'泉',此足爲唐鈔之證。'楊震關西'引《東觀漢記》,'博望尋河'引《漢書》,無'遂得支機石歸'六字。'梁習治最'引《魏志》。'賈誼忌鵩'引《史記》,無'字士休'三字。'時苗留犢'引《魏略》。'太叔辨給'引《世說》。'王純繡被'引《益部耆舊傳》。'孟軻養素',注'浩然之氣','浩'作'皓',下有項岱曰:'皓,素白也,如天之氣皓然也。''南郡猶憐'引《妬記》。'崔烈銅臭'引《九州春秋》,'烈字休明。''齊后破壤'引《春秋後語》。'胡成推縑'引《晉陽秋》。'江淹夢筆'引《宋略》。'蔣詡三經'引《三輔决錄》。'西施捧心'引《莊子》。'孫壽折腰'引華嶠《後漢書》。'靈輒扶輪'引《類林》。'逸少傾寫'引《衛珍別傳》。'澹臺毀璧'引《搜神記》。'江過蒸鷄'引《晉中興書》。'交甫解佩'引《韓詩內傳》。'任座直言'不作'翟璜'。'蘇韶鬼靈'引王隱《晉書》。'柳下直道'引《列士傳》。'井春五經'引嵇康《高士傳》。'顧愷丹青'引《續晉陽秋》。'丁固生松'引《會稽錄》。'甯戚扣角'引《三齊略記》,無'中有鯉魚長尺半'八字。'龐統展驥'引《襄陽耆舊傳》。'仇覽棲鸞'引《陳留耆舊傳》。篇中引《東觀漢記》及《世說》尤多。凡所引與舊注詳略大異,不可縷舉。余意此書在唐時必多童蒙誦習,鄉俗鈔寫,憚其煩文,遂多刪節。其後竝所引書名略之,至宋徐子光不見有書名之本,但見其文與事與見存書多異,又未能博考類書傳記,遂就見存書史換之,故往往有與標題不符。龜田興雖覺其有異,然其學亦未博贍,不能一一注其所出。得此本,始恍然李氏原書,卓然大雅,惜僅存上卷,不得爲完璧耳。"○按森《志》載舊注《蒙求》三通,楊《志》於此本外尚有《古注蒙求》二通、《蒙求補注》一通,惟此本最善。

擇本下第十（闕）

取材第十一(闕)

雜述第十二(闕)

《周易疏》校後記

群經注疏,自阮本行而舊本都晦。流俗相傳,師弟相詔,皆謂其源出宋刊,旁有圈識,附列校記,備載異同,以爲極便學者。不知阮刻實非善本,其《周易疏》爲尤謬。蓋自有經疏以來,瞀亂之本,無過於此者。

阮本初出時,錢警石喜得其書,至形諸夢寐,而惜其小有舛誤。見《曝書雜記》。芸臺之弟子嚴杰及其子阮福,亦有異論。杰之言曰:

> 注疏之善冊未有過於十行本者。若毛氏汲古閣本,闕佚錯訛,棼不可理。十行本初次修板,在明正德時,即日本山井鼎《七經孟子考文》所載正德本,非別有正德注疏本也。正德後遞有修改,誤書棘目。不若毛本多矣。近來南昌重刻十行本,每卷後附以校勘記,董其事者,不能辨別古書之真贗,時引毛本以訂十行本之譌字,不知所據乃續修之冊。更可詫異,將宮保師《校勘記》原文,顛倒其是非,加"補校"等字。因編《經解》,附正於此。知南昌本之悠謬,有如是夫。學海堂本《周易校勘記》卷一後嚴杰識語。

福之言曰:

> 此書尚未刻校完竣,大人即奉命移撫河南。校書之人,不能如大人在江西時細心。其中錯字甚多,有監本、毛本不錯而今反錯者,要在善讀書人參觀而得益。《校勘記》去取亦不盡善。故大人不以此刻本爲善也。《揅經室三集》卷二"江西校刻宋本十三經注疏書後"附阮福識語。

阮福語,《雷塘庵弟子記》亦載之;葉廷琯《吹網錄》備錄其語,謂服膺是書者不可不知此論;葉德輝《郎園讀書志》亦錄之以諗學者。蓋芸臺去贛,委其事於盧氏宣旬。書既刻成,旋覺其謬,度當世學者,必多訾謷之言,嚴杰、阮福之所以亟爲剖白,蓋芸臺之意也。阮氏《校勘記》極爲翁方綱所詆,陳壽祺爲之辨,見《左海文集》,陳亦阮氏弟子也。

然歸獄盧氏,實有不盡然者。南昌本之誤字,不見於阮氏《校記》與盧氏《補校記》者,此校刻之疏,其過盧氏尸之。此指初印本言,若道光、同治兩次修補,續增誤字,則非盧氏之咎。誤字之見於盧氏《補校記》,而閩、監、毛本皆不誤者,此底本之謬,其過當由阮氏、盧氏分任之。蓋阮氏作《校記》時所據之十行本,與盧氏校刻時所據之十行本,印有先後;盧氏所據之本至劣,凡阮所據校之本未嘗脱誤者,盧氏據刻之本輒多脱誤,故爲《補校記》以明之。然阮氏既以校刻之任畀盧,即當以己之底本付之。今觀盧氏《補校記》所列,其本乃遠下於毛本。其爲阮氏付與耶?阮氏固不當以謬本與之;非阮氏付與耶?阮氏又不當吝己之底本而不與,使此鉅大工役,悉擲虚牝也。故吾謂其過不專在盧氏也。

至阮氏據校之十行本,雖勝於盧氏據刻之十行本,而亦非善本。《鐵琴銅劍樓書目》載宋刊本《周易兼義》九卷、《略例》一卷、《音義》一卷,云:

> 阮氏謂十行本無《略例》,蓋其所藏適闕,遂認爲無耳。

又云:

> 阮氏《校勘記》、南昌府學重刊宋本,皆據是書,方盛行於世。顧以是本核之,頗多不同。其不同者,是本往往與家藏宋單注本、宋八行注疏本及《校勘記》所引岳本、錢本、宋本合。阮本多誤,同閩、監、毛本均是十行本,何以違異若此?蓋阮本多修板,其誤皆由明人臆改;是本修版較少,多可藉以是正。

案:瞿鏞作《校校勘記》以訂阮氏之誤,如:

> 阮本《八論》第二:"王輔嗣等以爲伏羲畫卦。"《校勘記》云:"閩、監、毛本同。盧文弨云:'當作重卦,畫字誤。'據《群書拾補》,此文弨弟文韶之説,阮語誤。"《校校勘記》云:"十

行本重不誤畫。"案:宋刊單疏本、日鈔單疏本並作重。

阮本《乾·上九》疏:"大而極盛。"《校勘記》云:"閩、監、毛本同。宋本大作天。"《校校勘記》云:"十行本天不誤大。"案:宋刊單疏本、日鈔單疏本並作天。

此例甚多。是阮氏據校之本,誤同閩、監、毛本者,非十行本本然也。第瞿本自云"修板較少",則亦有修補之失。聞盛氏圖書館藏宋刊十行本視瞿本尤完備,見劉承幹刻日鈔單疏本跋文。是阮氏所據之底本已不足據,更何責於盧氏耶?

況所謂"十行本"者,即使如盛氏、瞿氏所藏,勝於阮氏所據之本則有之,夷考其實,則亦宋代極謬之本。閩本出於十行本,監本出於閩本,毛本出於監本,特誤字滋多耳。其行款次第,固無移易。嚴厚民所謂"注疏之善冊,未有過於十行本者",亦未嘗細審也。今以單疏本校十行本者,知其大謬有六,而文字之誤不與焉:

一曰:改易卷第也。孔氏《正義序》云:"凡十有四卷。"《舊唐書·經籍志》、《郡齋讀書志》所載並同。《新書》"四"譌"六"。八行本止十三卷,特除篇首《八論》不計耳,於孔氏次第未嘗改也。今刻孔氏之書,而分析其卷第以傅合單行注本,其謬一也。

二曰:分割疏文也。孔氏密察經文,分段作疏。釋經既畢,乃釋注文。詞有倫脊,非可紊也。八行本以疏隸經,悉仍孔氏之舊。十行本則割截孔氏一段爲數段或十餘段,如《乾·文言》疏,孔氏以"九三曰"至"雖危無咎矣"爲一段,十行本則割"九三曰"至"可與存義也"爲一段,割"是故居上位而不驕在下位而不憂"爲一段,割"故乾因其時而惕雖危無咎矣"爲一段:全書準此,不復具陳。孔氏釋經之文,既遭割截,其釋注之文,原附於釋經之後者,因隨注割隸,反移於前,釋經之文,遂處於後。次第既乖,乃致文義鶻突。如《文言》疏,孔氏以"乾元者始而亨者也"至"雲行雨施天下平也"爲一段,十行本則割截首二句爲一段,餘爲一段。孔釋首二句之注,本繫於"天下平也"之後,故附釋六爻發揮之義,引《略例》以明之,今割釋注之文以隸首二句,而疏中所釋六爻發揮之義,其經文在

後,何爲於此豫釋?故山井君彝云:

從此以下,解下文者,乃誤在此。但宋板每章通爲一節,間不雜疏,故無此誤。《考文》,山井斥毛本、十行、閩、監並同誤。

此因分割而致顛倒,其誤二也。

三曰:文理不貫也。如《觀卦·彖傳》:“彖曰大觀在上”至“天下服矣”,疏文通爲一段,中有云:

今大觀在於上,又巽而和順,居中得正,以觀於天下,謂之觀也。

“又”字乃聯屬之詞。十行本割“今大觀在於上”句隸正文“大觀在上”之下,割“又巽而和順”以下隸“天下服矣”下,加“正義曰”三字,而“又”字不可爲起語,遂直刪之,使孔疏文義全失。故盧抱經云:

毛本於此謂“今大觀在於上”句。截斷,實不通之至。下文“又順而和巽”云云,本相連屬,毛本乃刪去“又”字,分作下段。舉此以例其餘,則知官本之爲善也。《群書拾補》。阮《校記》云:“閩、監、毛本與十行本同,錢本、宋本‘順’上有‘又’字。案此疏本與上疏相連,割裂分屬,故刪‘又’字。”案宋刊單疏、日鈔單疏並有“又”字,官本亦有。

又如《說卦傳》:“神也者”至“既成萬物也”,疏文通爲一段,中有云:

故此之下不復別言乾坤,直舉天子以明神之功用,故曰:鼓動萬物者莫疾呼震云云。

此“故曰”二字乃承上之詞,十行本割截“故曰”以下別爲一段,標“正義曰”三字,因“故曰”二字不可爲起語,遂直刪之,亦使孔疏文義全失。故海保漁村云:

今本移“鼓動萬物者”以下於經“動萬物者”後,刪“故曰”二字,終使文義不明,《校勘記》不知是正,坐不見此本日鈔單疏本。故也。《周易校勘記舉正》。案阮《校記》云:“錢本、宋本與上疏相連,故無‘正義’二字,但作‘故曰’二字。”盧氏《拾補》說同。宋刊單疏本作"故曰"。

合二事觀之,可謂謬妄之極矣。此因分割而害文義,其誤三也。

四曰:多所脱漏也。如《觀卦·卦辭》:"觀盥而不薦。"孔疏釋之云:

> 薦者,謂既灌之後,陳薦籩豆之事,其禮卑也。今所觀宗廟之祭,但觀其盥禮,不觀在後籩豆之事,故云觀盥而不薦也。

十行本脱"其禮卑也今所觀宗廟之祭但觀其盥禮不觀在後籩豆之事"二十四字,宋刊、日鈔兩單疏本並不脱,官本亦有,惟出於十行本之閩、監、毛、阮,並襲其誤。盧、阮俱不言錢本異同,豈錢本亦脱邪?抑有之而失校耶?又如《咸卦·九三》疏云:

> 正義曰:咸其股執其隨往吝者,九三處二之上,轉高至股。股之爲體,動静隨足。進不能制足之動,退不能静守其處。股是可動之物,足動則隨,不能自處,常執其隨足之志。故云咸其股執其隨。施之於人,自無操持,志在隨人,所執卑下,以斯而往,鄙吝之道。故言往吝。

此段十行本全脱。劉校記云"共八十九字",蓋不計"正義曰"三字及覆舉經文之九字也;阮校記云"九十八字"者,並覆舉經文九字計之也;陳簡莊跋文云"百一字"者,並"正義曰"三字計之也。兩單疏本、官本並不脱。阮校亦據錢本、宋本録之。此因分割而致脱落,其誤四也。

五曰:以注爲疏也。《觀卦·六三》疏文,十行本移隸爻辭之下,而將小象下注文"處進退之時以觀進退之幾未失道也"十五字,改作疏文。阮氏云:

> "處進退"至"道也"十五字,岳本、錢本、宋本、古本、足利本並作注文,案涵芬樓景宋本、孟森景宋本亦有此注文。十行本以下誤爲正義,因衍"正義曰"三字,非也。《校勘記》,盧氏《拾補》説同。

今檢兩單疏本並無此疏。此因分割而致混淆,其誤五也。

六曰:妄改標題也。十行本於孔疏之文,既分割一段爲數段或十餘段，則與孔疏所標起止不合，遂一切改之，使孔疏無完膚。其最謬者，孔疏原文，於每爻之下爻象兼釋。八行本隸全疏於小象之後，是也。十行本必分爻象之疏爲二，其疏文之詳爻而略象者，悉移隸於爻辭之下，而小象無疏，遂直聯下爻。其所標起止，遂致上爻之象與下爻之經，牽混爲一。如《隨卦》：

九五：孚于嘉吉。象曰：孚于嘉吉，位正中也。

上六：拘係之乃從，維之，王用亨于西山。象曰：拘係之，上窮也。

孔疏之標起止，前則曰"'九五孚'至'正中也'"，後則曰"'上六拘係'至'上窮也'"，文義瞭然。十行本移前疏於爻辭"嘉吉"下，"象曰"下無疏，遂與上六爻辭相連，疏標起止云："'象曰'至'于西山'。"以上爻之象，連下爻之經，此何理耶？全書似此者，層見疊出，如：

《蠱·六四》疏："'象曰'至'見吝'。"

《蠱·六五》疏："'象曰'至'用譽'。"

《噬嗑·六五》疏："'象曰'至'貞厲'。"

《噬嗑·上九》疏："'象曰'至'滅耳凶'。"

《賁·六四》疏："'象曰'至'婚媾'。"

《復·六三》疏："'象曰休復之吉'至'無咎'。"

《大畜·六五》疏："'象曰'至'豶豕之牙吉'。"

《大過·九二》疏："'象曰藉用白牡'至'無不利'。"

《晉·六五》疏："'象曰鼫鼠'至'無不利'。"

此皆以上爻之象，連下爻之經，蓋全不知書者之所爲，其誤六也。

他如删疏中覆舉經文之句；孔疏於更端處皆覆舉經文，十行本割隸每句下，多加删削，其疏文之割隸小象者，倒删"象曰"二字。釋注之文，混於釋經；如《艮卦·卦辭》注"目無患也"疏文，十行本移隸句下，不標注文起止，與釋經之文無别是也。妄增疏文，如《小過·六五》疏標起止云"除過至能雨也"，十行本"正義曰"下又有"除過至能雨也者"七字，此由標起止之誤入，凡孔疏復舉經文無如此苟簡者。語其督亂，更僕難終。而其本由閩、監、毛、阮，遞相祖述,流播無窮,誠《易疏》之大厄也。獨怪阮氏力足以致善本,同時陳簡莊得八行注疏本,阮氏無容不知,即《校勘記》所引錢本、宋本,皆略與八行本符,宋本由《考文》轉引,錢本則得之盧校;若假盧、陳所藏之本,以作刊印之資,不遠勝於瞀亂之十行本耶?阮氏擇本不慎,負兹盛舉,致堪惋惜,不得以付託非人委其過於盧氏也。

前代經、注、正義、釋文,本自單行,單行經注,與陸、孔所據之本,不必盡同,而合刻者改彼就此,強之使同,此金壇段君所以致歎於三合之本也。《經韻樓集·與諸同志書論校書之難》。八行本實爲注疏合刻之祖本,其《尚書》、《禮記》有黄唐跋文,前人多據以推注疏合刻之年代,而説各差異:

錢竹汀云:日本山井鼎云,足利學所藏宋板《禮記注疏》有三山黄唐跋云:本司舊刊《易》、《書》、《周禮》正經注疏,萃見一書,便於披繹,它經獨闕。紹興辛亥,遂取《毛詩》、《禮記》疏義,如前三經編彙,精如讎正。乃若《春秋》一經,顧力未暇,姑以貽同志。所云本司者,不知爲何司。然則即是可證北宋時正義未嘗合於經注,即南渡初尚有單行本,不盡合刻矣。《十駕齋養新録》卷四"注疏舊本"條。

阮芸臺云:《左傳考文》載黄唐跋文云云。見上。蓋注疏合刻,起於南北宋之間,而《易》、《書》、《周禮》先刻,當在北宋之末也。《尚書注疏校勘記》引據各本目録《宋本》條下。

楊惺吾云:黄唐跋是紹熙壬子,《七經考文》於《禮記》後誤"熙"爲"興",阮氏《校勘記》遂謂合疏於注,在南北宋之間,又爲山井鼎之所誤也。《日本訪書志》"尚書注疏宋槧本"條。

葉焕彬云:楊氏謂《校勘記》爲山井鼎所誤,然森立之《經籍訪古志》亦載有此本,卷末有題記獨完全,云:六經疏義,自京、監、蜀本,皆省正文及注,又篇章散亂,覽者病焉。本司舊刊《易》、《書》、《周禮》正經注疏,萃見一書,便於披繹,它經獨闕。紹興辛亥仲冬,唐備員司庾,遂取《毛詩》、《禮記》疏義,如前三經,精加讎正,用鋟諸木,庶廣前人之所未備。乃若《春秋》一經,顧力未暇,姑以貽同志云。壬子秋八月,三山黄唐謹識。其刊刻年號,亦作紹興辛亥。

其書即足利所藏，是森氏所見之書，即當日山井所見之書，同一紹興所刻注疏，何至楊所見獨爲紹熙？辛亥、壬子，相距一年，刻成始識，情事之常；而紹熙誤作紹興，則去之太遠，竊疑楊所見不甚可據，故誤紹興爲紹熙，非《考文》誤以紹熙爲紹興也；況楊所見十冊內有鈔補二冊，非森氏所見之全；則其所見之本，不足以難阮氏，而楊之以不誤爲誤，不足令人徵信矣。《書林清話》卷六"宋刻經注疏分合之別"條。

案紹興年號，熟於口耳，而紹熙稍晦，故山井君彝、森立夫涉筆同誤。此一字之異，相去凡六十年。果黄唐之跋，作於紹熙，則《易》、《書》、《周禮》之先刻者，度亦相去不遠。日人長澤規矩也據刻工姓名推定爲淳熙時刊本，說近是。宋室南渡已歷六十餘年，不得如阮氏所言在北宋之末矣。惺吾親見原書，特加辨正，非可誣也。葉氏特因《森志》偶亦同誤，據以彈射，不知《森志》雖於《尚書注疏》條引黄唐跋語誤作紹興，於《禮記注疏》條又云："紹熙壬子刊本，卷末有三山黄唐跋文。"則實作紹熙，與楊氏所見《尚書注疏》正合。其證一也。日本長澤規矩也《十三經注疏影譜》第七葉。所印黄跋，與森立之全文皆合，其紹興正作紹熙。影自原書，當可信據。其證二也。宋《寶慶會稽續志》卷二提舉題名云："黄唐，紹熙二年十一月初一日，以朝請郎到任，三年十月某日，奉聖旨與郡。"紹熙二年爲辛亥，三年爲壬子，跋文所云"紹熙辛亥仲冬，備員司庾"，與志所云"二年十一月到任"合。志云"三年十月與郡"，跋作於八月，則去官前二月也。密合如此。其證三也。葉氏徒據《森志》誤文，以難楊氏，而《森志》《尚書》《禮記》，同在一卷之內，一誤一不誤，乃略不檢照，其疏謬甚矣。

《易》、《書》、《周禮》刻於黄唐司庾之前，《詩》、《禮記》刻於黄唐司庾之日，其云"如前編彙"，則舊無合刻之本，浙東庾司始創爲之，事至明也。錢云不知何司，蓋未見黄跋全文故也。後此，慶元庚申沈作賓復刻《左傳注疏》於越，其後序云："《左氏傳》杜氏《集解》、孔氏《義疏》，發揮聖經，功亦不細，萃爲一書，則得失盛衰之跡，與夫諸儒之說,是非異同,昭然具見。”此言編彙之意。又云:“諸經《正義》,既刊於倉臺,即庾司。而此書復刊於郡治,合五爲六,炳乎相輝。”見《愛日精廬藏書志》卷五“臨金壇段氏校宋慶元本《左傳正義》”條。考庚申爲慶元六年,時作賓方爲越守,沈作賓,《宋史》有傳,其爲越守見本傳及《會稽志》。阮氏《校記》稱爲沈中賓本,蓋因段君所見本模黏,以意定爲中字,實非也。上距黄唐作跋語時,已歷八年,是黄氏所云“力有未暇”者,沈氏卒成之也。《竹汀日記鈔》卷一云:“晤段茂堂,云:曾見《春秋正義》淳化本於朱文游家。”又《養新餘錄》云:“吴門朱文游藏宋槧《春秋正義》三十六卷,實則慶元六年重刊本也。”案段君初誤以爲淳化本,及借校後題記則云:“此宋淳化庚寅官本,慶元庚申摹刻者也。”實則以爲淳化本固非,以爲摹刻亦誤,蓋因沈本合疏於經、注,依疏分卷,首有淳化元年校勘諸臣銜名,故段君誤以爲淳化本,又以爲摹刻,而不知實沈氏編刻之本。北宋之初,固未嘗注疏合刻也。

江安傅沅叔景宋《周易》單疏本,“構”字闕筆,因據《玉海》推其刊刻之時,當在紹興九年至二十一年之間。若依葉氏之說,壬子爲紹興二年,其時已有注疏合刻之本,不應下至紹興二十一年復訪求單疏而刊刻之也。合刻本出而單行本廢,蓋群以合刻爲便,亦自然之勢也。岳倦翁《九經三傳沿革例》所舉注疏本凡三:曰“越中舊本注疏”,曰“建本有音釋注疏”,曰“蜀刻注疏”。三本之中,獨稱越中本爲舊本。越中本即八行本,則八行本以前無注疏合刻本可知也。據陳簡莊《經籍跋文》所列八行本《周易注疏》,與山井《考文》所載宋本全符;錢求赤鈔本見於盧氏《拾補》、阮氏《校記》者,亦莫不同,惟行款稍異,知其所據之本,亦出於八行本。阮本脱誤,而八行本不脱者,驗之單疏,無不盡合。其大者,如《觀卦》、《咸卦》十行本脱文,八行本有之,單疏本亦皆有。苟有重刊《周易注疏》者,以八行本爲主,以單疏本著其異同,别爲校記,不過數紙即足,其便於學者爲何如耶?若阮氏所校,徒列閩、監、毛本之誤文;南昌所刊,不改十行謬本之形式,實無所用耳。

有單疏而後有合刻之注疏。欲考沖遠之舊式,則單疏本爲尤要。阮氏《周易校記》載單疏宋本,云:“據錢遵王校本。案錢跋有單疏本一,單注本二,注疏本一,今不復能識别,但稱錢校本。”海保漁村云:“遍檢通篇,其專指引單疏者,僅一見《乾·彖》内。”《舉正》。則吾國先正,據單疏以校注疏本者蓋尠。日人所傳舊鈔《周易單疏》至多,其見於森立之《經籍訪古志》者,有應永間鈔本一,弘治永祿間鈔本二,元龜天正間鈔本三;見於島田翰《古文舊書考》者,又有大永鈔本,員和鈔本。吾人於日人故籍,少所窺涉。楊惺吾隨節東渡,得一帙以贈劉君承幹,刻之《嘉業堂叢書》中,吾人始因以得見唐人作疏之舊式。惟日本亦自宋刊鈔出,而妄有改易。劉氏跋語云:“日鈔本訛字破體,觸目皆是。重文均空格,悉爲改正補足。不得奉日鈔爲金科玉律。”信通人之言也。其中足正阮刻之脱誤者固多,獨惜劉氏校刻時,並其足證異同者而亦改之,其所刻有與所爲《校記》不相應者,如:

《八論》第一《校記》標“崔覲劉貞 簡等”,云:“阮本‘貞’字下不空格。”是日鈔空格。今所刻不空格。劉貞簡即劉瓛,本不當空格,然宋單刊疏亦空格,則舊已如此,故阮《校記》載寫本有於“簡”字上誤沾“周”字者。

《八論》第三《校記》標“《周禮·太卜》”,云:“阮本‘太’作‘大’。”是日鈔作“太”。今所刻仍作“大”。宋刊單疏本作“太”,官本同,則從原文爲得。

《泰·九三》疏《校記》標“猶若无在下者”,云:“阮本‘无’作‘元’。”引阮云:“錢本、宋本‘元’作‘无’,下‘元在上者’同。”是日鈔兩“元”皆作“无”。今所刻上“无”字誤作“中”,下“无”字仍作“元”。宋刊單疏本兩“元”字皆作“无”,官本同,並與日鈔合。

全書似此者甚衆,其校刻之疏可見矣。海保漁村據大永鈔本以作《校勘記舉正》,今以《舉正》所言勘劉本,頗相乖刺者,如:

《震卦·卦辭》注疏:“削柄與末。”《舉正》云:“今本‘削’作‘刊’。”是日鈔作“削”。劉刻仍作“刊”。

《漸卦·大象》疏:“君子以居德善風俗者。”《舉正》云:“今本删‘風’字。”是日鈔有“風”字。劉刻仍無“風”字。案《釋文》云:“‘善俗’,王肅本作‘善風俗’。”則王輔嗣本無“風”字,孔疏亦不當有,日人依《釋文》增之耳。

《豐卦·九三》疏:"所以豐其沛日中見沫也。"《舉正》云:"今本'其'誤'在'。"是日鈔作"其"。劉刻仍作"在"。案日鈔作"其",依經文改耳,非有據也。《六二》:"豐其部。"疏云:"所豐在於覆蔽。"此疏云:"是所以豐在沛。"文例略同,"在"字不誤。

此類例難悉數,豈日鈔自有異同耶?抑亦劉氏據今本改之耶?若劉氏所改,則人方據此以爲異文;即不可從,亦當列於《校記》而詳辨之,不當逕改其文以沒其實也,且劉氏非不見《舉正》之文也,其《校記》實多襲用之,如:

《乾·初九》疏:"所以重錢。"又云:"故交其錢。"《舉正》云:"毛本二'錢'字改體。案'重錢'、'交錢'之目,又見《儀禮·士冠禮》疏。錢大昕《養新錄》云:'賈疏本於北齊黄慶、隋李孟悊二家,是則齊、隋與唐初,皆已用錢,重、交、單、拆之名,與今不異。但古人先揲蓍而後以錢記之,其後術者漸趨簡易,但擲錢得數,不更揲蓍。'此說是也。《校勘記》云:'《火珠林》始以錢代蓍,故謂之重錢、交錢。'案《火珠林》只是擲錢代蓍,始不以此記爻也。阮氏蓋未之考也。"案"重錢"、"交錢"之目,又見《周禮·太卜》疏,當並引之。

劉氏《校記》全錄其文,除刪其末句外,一字不易,豈得以爲偶合耶?其他似此者,殆不可勝舉也。《乾卦》"而不犯凶咎"一條,"以上九非位而上九居之"一條,《蒙卦》"《爾雅》云"一條,《比卦》"今亦從之去則射之"一條,《履卦》"欲行九五之志"一條,又《隨卦》"若以元亨利貞則天下隨從"一條,《噬嗑》"恐思之適五位則是上行"一條,《復卦》"閉塞其關也"一條,《无妄》"不敢菑發新田"一條,《夬卦》"故可以顯然發揚決斷之事於王者之庭"一條:類皆一字不易。其中多有不足依信之說,劉氏猶承用之。如《蒙·初六》疏引《小爾雅》,十行本作《小雅》。阮《校記》云:"錢本、宋本、閩、監、毛本小作'爾','爾'字誤。《小爾雅》,唐人多作《小雅》,《文選注》亦然。"其說至塙,《小爾雅》之稱《小雅》,王汾原已詳言之。宋刊單疏正作《小雅》,可證也。日鈔直作《小爾雅》,不惟與作《小雅》之本不合，亦且與作《爾雅》者相背，顯爲日人妄增，而《舉正》乃以作《小爾雅》爲是。劉氏刊本，止作《爾雅》，其所刻既無"小"字，其校語乃全與《舉正》同，何也？劉氏既多襲《舉正》之說，其所刊乃屢與《舉正》相背，不得謂劉氏之本即日鈔之舊，更不得謂即沖遠之舊矣。《舉正》與劉氏《校記》，皆多舛誤，兹不具說。

傅君沅叔得南宋監本單疏，景印行世，使吾人得據以觀沖遠之真，正俗本之誤。《易疏》之傳於今者，蓋莫善於此矣。傅君傳古之功，夫豈可忘。第觀其所作跋文，頗多疏舛，蓋由率爾爲之也。中有云：

> 《易》單疏本相傳有錢孫保校宋本。

案阮《校記》具列引據各本，錢孫保景宋鈔本，在注疏本中。《群書拾補》著錢本式於所校《周易注疏》之末。其本有經有注，非單疏也。阮氏所列單疏，據錢遵王校本轉引，與孫保無涉也。又云：

> 如《觀卦》脱二十四字，《咸卦》脱八十九字，《遯卦》脱七字，《艮卦》脱六字，皆賴以補完。

此全襲劉君翰怡跋文，不知日鈔《遯卦》所多七字，決爲衍文；《艮卦》疏多六字，義雖可通，又不當於釋經之疏，夾入釋注之語；且劉氏所"七字"、"六字"者，日鈔有之，傅所景印宋本未嘗有也，當據此以正日鈔之誤，何"賴以補完"之有？又云：

> 孔氏序言："爲之《正義》，凡十有四卷。"《新書志》及《郡齋讀書志》同。

此又襲用陳氏《經籍跋文》而失之也。《舊唐志》載《正義》"十四卷"，《新唐志》誤作"十六卷"。仲魚作跋，本自發篋陳書，而下筆偶誤以"新"爲"舊"，以"舊"爲"新"。傅君直用其語，不一檢照，何耶？

傅君雖有小誤，不掩其大功；猶宋刊雖有譌字，不害其爲最佳之本也。宋本誤字，如《坤·初六》疏："故分爻之象辭，各附其當爻下言之。""分爻"誤作"分文"。《坤·文言》第一節疏："六爻皆陰。""爻"誤"又"。"又地能生物。""又"誤"爻"。"即不敢爲物之先。""物"誤"如"。《訟·象傳》疏前注云:“可以獲中吉。”“吉”誤“言”。《泰·九三》疏:“此九三將棄三而向四。”“棄三”誤“棄二”。《遯·九四》疏:“若好遯君子,超然不顧。”“若”誤“吉”。《晉·六二》疏:“正而獲吉,故曰貞吉也。”“吉”誤“正”。《睽·六三》疏:“四從上刑之故剠其額。”“剠”誤“掠”。《艮·卦辭》疏:“既兆而止,則傷物情。”脫“兆”字。《艮·彖傳》疏:“凡物之動息,自各有時運。”“各”誤“若。”《兑·彖傳》疏:“兑說也者訓卦名也。”“卦”誤“此”。《節·卦辭》疏:“節者節度之名。”“名”誤“者”。《中孚·上九》疏:“信衰則詐起。”“詐”誤“誰”。“虚聲遠聞。”“遠”誤“進”。《未濟·卦辭》疏:“小狐汔濟,濡其尾,無攸利者。”“汔”誤“沆”。《繫辭上》第四章疏:“是《易》無體也。”“是”誤“骨”。第六章疏:“既引《易》辭。”“引”誤“明”。第七章疏:“故引《乾》之上九亢龍有悔。”“悔”誤“海”。第八章疏:“其六以象六畫之數。”“畫”誤“晝”。“再扐而後掛者。”“掛”誤“卦”。“爻别三十六。”“别”誤“則”。第九章疏:“變則唯幾也。”“唯”誤“中”。《繫辭下》第七章疏:“能爲初筮。”“筮”誤“噬”。

榷而論之,同一單疏也,則日鈔本不如宋刊本;日鈔源出宋刊,故所標起止,無不吻合。而日鈔劉刻本,其第十卷《渙卦》以下輒齟差不合,蓋鈔者所據宋刊,此卷脱爛,以意補綴也。如謂别出一源,何以他卷皆合,而此半卷獨否耶?此足爲日鈔不盡可據之切證。同一注疏合刻也,則十行本不如八行本。阮氏據校之本,十行本之修補致譌者也;南昌刻本所據,十行本之譌謬不堪者也;加以新誤之字,更不可讀矣。故傳本之視南昌本,四累之上也。

海保漁村論日鈔單疏之善云:

> 蓋無是本,則《校勘記》之作,予知其不得已也;有是本矣,《校勘記》可不復作焉。嗟夫!是本在天壤間,《周易正義》十四卷始無一疑滯矣。《正義》十四卷無一疑滯,而王注始可得而讀焉。王注可讀,而後兩漢先儒之義詁,亦得以溯洄而從之矣。

日鈔多誤,何足以當此?惟移頌傳本,乃無愧耳。《謙·大象》:“君子以裒多益寡。”唐石經“裒”作“褎”,《說文》無“裒”字,作“褎”是也。今傳本皆作“裒”。宋刊《正義》此段凡“裒”字皆作“褎”,獨與石經合。是孔疏、石經所據皆同,其誤作“裒”,依誤本經文改耳。又疏中引《爾雅》“褎聚也”,亦足正今本《爾雅》之誤。此真一字千金也。錢竹汀、嚴鐵橋、馮柳東、宋于庭皆以唐石經作“褎”

爲是;孔疏如此,更足證矣。今校錄《易疏》,一以是本爲主,其灼然譌誤者乃據諸本正之,而附記於眉端,惜不得八行本而並校之也。

月令章句疏證敘録

《賈子·等齊篇》云:"天子之言曰令,令甲令乙是也。諸侯之言曰令,令儀令言是也。"《月令》者,古天子之令,著於明堂,布於天下者也。故蔡氏釋《月令篇名》云:

因天時,制人事,天子發號施令,祀神受職,每月異禮,故謂之月令。成法具備,各從時月,藏之明堂,故以明堂冠月令,以名其篇。

《淮南·泰族篇》云:

乃立明堂之朝,行明堂之令。許君注云:"明堂布令之宫,有十二月之政令也。"

明乎令之所以爲令,而後《月令》之義可得而説矣。《月令》之起,依於明堂;明堂之作,肇於皇古。《淮南鴻烈》謂"神農祀於明堂",《主術篇》。《内經》謂"黄帝坐於明堂",《素問·五運大論》。而黄帝之明堂,《管子》謂之明臺,《桓公問》。《尸子》謂之合宫,《隋書·宇文愷傳》引。申公謂之明廷,《史記·封禪書》。雖諸子雜説,稱名抵牾,或非惇史,然《淮南》陳神農明堂之制,《主術》。公玉带上黄帝明堂之圖,《史記·封禪書》。史公謂"黄帝迎日推策",《五帝紀》。《世本》亦稱"黄帝之臣容成造曆,大橈作甲子,羲和作占日,常儀作占月,鬼臾區作占星",又見《吕氏春秋·勿躬篇》。《淮南》亦稱"黄帝理日月之行,治陰陽之氣,節四時之度,正律曆之數"。《覽冥篇》。《大戴》載孔子之言,又謂"黄帝治五氣",《五帝德篇》,《史記》《家語》並同。治五氣者,即《月令》四時季夏迎氣之説也。説詳後。由是觀之,明堂之法,《淮南》推本於神農,其言雖少遼遠,而始於黄帝,則宜若可信矣。顧其時所著之令,靡得而詳。《堯典》載堯命羲和,順天授時。其視後之《月令》,固已舉其弘綱,不勞比傅。《周語》載單襄公之言曰:

先王之教曰：雨畢而除道，水涸而成梁，草木節解而備藏，隕霜而冬裘具，清風至而修城郭宫室。

韋昭曰："教謂《月令》之屬是也。"特文稱先王，未審爲何代之令。單子又云：

故《夏令》曰：九月除道，十月成梁。

韋昭云："夏令，夏后氏之令，周所因也。"單子又云：

其《時儆》曰："收而場功，待而畚梮，營室之中，土功其始，火之初見，期於司里。"

韋昭云："時儆，時以儆告其民也。"案《時儆》之文承《夏令》而言，其爲夏后氏之禁令，文意至明。汪容甫以爲《夏令》篇名，得之。見《經義知新記》。《禮記・禮運》云：

孔子曰："我欲觀夏道，是故之杞而不足徵也，吾得夏時焉。"

鄭注云："得夏四時之書也，其書存者有《夏小正》。"《史記・夏本紀》云：

孔子正夏時，學者多傳《夏小正》。

今《夏小正》四月初昏南門正，傳云：

南門者，星也，歲再見。一正，蓋《大正》所取法也。

《大正》對《小正》而言，皆夏代時令之書。孔顨軒、《大戴禮記補注》。汪小米《國語發正》。皆以《周語》所稱夏令爲《大正》遺文，理或然也。洪震煊《夏小正疏義》，以《逸周書・嘗麥解》之大正證此大正爲官名，失之。正與政同，《周禮媒氏疏》載張融評《聖證論》引《管子・時令篇》，《禮記》言"季冬飭國典，論時令"，故"月令"一稱"時令"。互詳後許宗彥說。

《後漢書・章帝紀》："順時令，理冤獄。"

又《東平王蒼傳》："臣聞時令：盛春農事，不聚衆興功。"

又《陳寵傳》："時令曰，諸生蕩，安形體。"

又《劉瑜傳》："掘山攻石，不避時令。"注引《月令》。

或謂之時政：

《後漢書·明帝紀》:"詔曰:有司勉遵時政,務平刑罰。"

時政即時令也,《漢書·元帝紀》:"詔百官毋犯四時之禁",亦四時之禁令也。《後漢書·明帝紀》:"永平三年詔曰:有司其勉順時氣",《章帝紀》:"古今東作,宜及時務",亦皆指月令而言。夏之《月令》有《大正》《小正》者,所紀時政有詳有略也。故《小正傳》云:"小之云者,弗詳之云爾,非其微之云也。"其南門正傳稱《大正》,猶雁北鄉,緹縞時有見,後始收諸傳之稱《小正》也。夏之《月令》,《大正》《小正》之外,復有《時儆》者,猶《周書》既有《月令》,復有《周月》《時訓》二篇也。今所傳《月令》,本出《周書》,其敘曰:

周公制十二月賦政之法,作《月令》。

魯恭見其載於《周書》,亦云:

《月令》周世所造,而所據皆夏之時也。《後漢書》本傳。

蔡氏本《周書》之敘而推衍之,其釋《月令》篇名云:

文義所說,博衍深遠,宜周公之所著也。官號職司,與《周官》合《周書》七十一篇,而《月令》第五十三。

是蔡氏明見《周書》之《月令》,即《戴記》之《月令》,故斷以爲周公而不疑也。非特蔡氏,賈逵、馬融、王肅、張華之徒,咸同此論。

《月令》:"孟夏,命大尉贊桀儁。"疏:"賈逵、馬融之徒,皆云《月令》周公所作,故王肅用焉。"

《月令》篇題《釋文》:"蔡伯喈、王肅云:周公所作。"

《博物志·文籍考》:"蔡邕云:《禮記·月令》,周公作。"

《隋書·牛弘傳》:"蔡邕、王肅云:周公所作《周書》內有《月令》第五十三,即此也。"

顧其時已有異說,故蔡氏又云:

秦相呂不韋著書,取《月令》爲紀號,淮南王安亦取以爲第四篇。故偏見之徒,或云《月令》呂不韋作,或云淮南,皆非也。

鄭、蔡同時，蔡君作《章句》時，鄭學未盛，所云偏見之徒，尚有謂《月令》出於淮南者，則蔡語固不爲鄭君發；而《月令》出於吕氏之説，則鄭君持之特堅：

《月令疏》引鄭目録云："《月令》者，以其記十二月政之所行也，本《吕氏春秋》十二月紀之首章也，以禮家好學鈔合之，後人因題之名曰《禮記》，言周公所作，其中官名時事，多不合周法。"

又"孟夏，命大尉贊傑儁"注云："三王之官，有司馬，無大尉，秦官則有大尉，令俗人皆云周公作《月令》，未通於古。"

又"季秋，合諸侯，制百縣，爲來歲受朔日"，注云："秦以建亥之月爲歲首，於是歲終，使諸侯及鄉遂之官，受此法焉。"

季秋受朔之義，高誘亦同鄭説，其注《吕氏春秋·季秋紀》云："來歲，明年也。秦以十月爲正，故於是月受明年曆日也。"由此言之，《月令》爲秦制也。《後漢書·百官志》注曰："計斷九月，因秦以十月爲正故也"，即高所本。

以《月令》爲秦制者，以大尉受朔二事爲墨守輸攻之良具，然大尉之官，不始於秦，錢馹已辨之，見《明堂大道録》"辨明堂月令非吕氏書"條。而徐文靖復申言之，見《管城碩記》，盧召弓《龍城札記》引之，徐説雖詳，實本錢氏之説。徐説尤詳於錢，其言曰：

> 據魚豢《典略》，古者兵獄官皆以尉爲名，《國語》"晉悼公使祁奚爲元尉，鐸遏寇爲輿尉，奚午爲軍尉"，《管子》"管藏於里尉"，又《襄二十一年左氏傳》"欒盈曰：將歸死於尉氏。"杜預曰："尉氏討姦之官"，正義曰："《周禮》司寇之屬無尉氏之官"，又《石氏星經》"紫微垣右樞第二星曰少尉"，既有少，則應有太矣。故《中候握河紀》云："舜爲太尉"，《河圖録運法》云："堯坐舟中，與太尉舜觀鳳皇"，如《尚書·立政》常伯常任準人牧夫，皆《周禮》所無，安見無太尉官耶？應劭以太尉爲周官者是也。

徐氏所引《星經》及緯候之書，或不足據，要不得以《周禮》無太尉，遂謂周無此官，《詩》《書》《傳》《記》所載周官，不見於《周禮》

者,遽數難終,非特徐氏所引《立政》而已。《漢書·百官公卿表》應劭注曰:"自上安下曰尉,武官悉以爲稱。"其人在魚豢前,又《續漢·百官志》注:"太尉,前書曰尉秦官,鄭玄注《月令》亦曰:'秦官',《尚書中侯》云:'舜爲太尉',束晳據非秦官,以此追難玄焉。"劉昭以候緯紛僞,據後書前,駁束申鄭,徐氏復蹈束氏之失,要所舉左氏內外傳諸證皆是也。《百官表》《百官志》兩注皆引應注無周官之說,《後漢書·光武紀》注引《漢官儀》云:"大尉秦官也",《續漢·百官志》注引《漢官儀》云:"元狩六年罷太尉,法周制,置司馬",則仲遠不以太尉爲周官也。《通典·職官二》云:"應劭漢官謂大尉爲周官。"蓋杜所見本異,然《漢志》所云秦官,多爲六國所已有,時秦未有天下,則亦可云周官也。且如鄭君說,以太尉爲秦官,定《月令》出《呂氏》,則《呂氏》當與《戴記》無異文,而《呂氏·孟夏紀》實作大封,見於朱子《儀禮通解》,今本作太尉者,後人據《月令》改之也。臧在東《拜經日記》云:

> 《呂氏春秋·孟夏紀》:"命大封,贊傑儁",《淮南·時則訓》依漢制改大封爲太尉,漢儒傳《禮記》從之,俗本《呂覽》又同《月令》作尉,朱子《儀禮集傳集注》云:"《呂》尉作封,今據此改正",案《管子·五行篇》云:"黃帝得大封而辯於西方,故使爲司馬。"高氏誘注"仲冬命神農將巡功",云:"昔炎帝殖穀,號爲神農,後世因名其官爲神農",則此亦因大封治西方,職爲司馬,後世因名司馬爲大封也。考《漢書·百官公卿表》"太尉,秦官,武帝建元二年省,元狩四年初置大司馬,以冠將軍之號。"是太尉即漢之司馬,《淮南》改《呂覽》以從漢制,不作司馬而作太尉者,以漢初官制因秦未革,至元狩四年改制,而淮南王以謀反誅,在元狩元年,已不及見矣。鄭康成因太尉秦官,而以《月令》爲秦制,蓋未攷之《呂覽》歟!

夫大封之爲司馬,明見《管子》,則決非誤文。既可云禮家抄合不韋之書,改大封爲太尉,亦可云禮家襲取《周書》之文,改司馬爲太尉矣。故惠松厓、《明堂大道錄》"辨明堂月令非呂氏書"條。盧抱經《逸周書校本》及《龍城札記》。之說,以《月令》之太尉爲漢人所改,其說自通,不得執此以爲秦人書也。其以"季秋合諸侯,制百縣,爲來歲,受朔日”，則徐氏見上。亦辨之曰：

> 此因大饗帝告廟而受朔也，若秦以十月建亥爲歲首，而季秋爲來歲受朔日，即是九月爲歲終，十月爲受朔，此時與周法不合。試問秦以十月爲來歲，即以十月爲來年，而孟冬祈來年於天宗，又以何者爲來年乎？季冬與大夫共飭國典，論時令，以待來歲之宜，若謂秦以十月爲來歲，即以季秋爲歲終，而季冬何以待來歲乎？《史記》始皇十二年文信侯不韋死，二十六年秦初併天下，改年始朝賀，皆用十月朔，然則秦以十月爲歲首者，不韋死十四年矣，安得《呂覽》中預知十月爲歲首乎？

徐氏之說，利鈍雜陳，王伯申《經義述聞》。以爲“秦用顓頊曆，孟冬爲歲首，孟春爲曆元所起，故一歲二首。《史記·秦紀》昭襄王四十八年先言十月，後言正月，則當時已用十月爲歲首，不始於始皇二十六年。”張嘯山《舒藝室餘筆》云：“昭襄王四十二年先言十月，後言九月，亦猶是也。昔校《史記》昭王十九年十月爲帝，疑秦先託始於此，然自四十八年以後復用夏正，故正月之後書其十月，四十九年先書正月，後書其十月，而《始皇本紀》先書正月，後書十月，其時猶未并天下也。”則徐氏謂呂氏死時，秦未以十月爲歲首，不足以斷此獄也。季秋爲來歲受朔日，孟冬祈來年於天宗，來歲與來年殊文，猶可以中數曰歲，朔數曰年解之。《周禮太史正歲年》注。惟季秋與季冬皆言來歲，則所謂來歲者，自不可同名異解。而來歲在季冬之後，必爲夏之正月無疑。其所以預計受朔於九月者，則盧召弓之駁高注《畢校呂氏春秋》引。云：

> 若以十月爲來歲，而於九月始受朔日，則僅就百縣言爲可，若遠諸侯，則有不能逮者矣。注據此即爲秦制，吾未之信。梁氏《呂子校補》云：“九月受朔，何以不能逮遠方，盧説似未塙”，以此駁盧，不可理喻矣。

孫伯淵亦謂“四夷俱稟正朔，去王畿或萬里，非先期頒朔，勢不能達”，見《王制月令非秦漢人所撰辨》。故預計於九月，使凡受正朔者，皆可從容盡逮，此固無可議矣。鄭君之駁《月令》，自上所舉諸事外，有據《周禮》駁《月令》者：

孟春，乘鸞路，駕倉龍，載青旂，衣青衣，服倉玉。注云：凡此車馬衣服，皆所取於殷時而有變焉，非周制也。《周禮》朝祀戎獵，車服各以其事，不以四時爲異。

季夏，命漁師伐蛟取鼉，登龜取黿。注：《周禮》曰：秋獻龜魚，又曰：凡取龜用秋時。是夏之秋也，作《月令》者以爲此秋，據周之時也，周之八月，夏之六月，因書於此，似誤也。

孟冬，命太史釁龜策，占兆。注：《周禮》龜人上春釁龜，謂建寅之月也，秦以其歲首使太史釁龜策，與周異矣。

案鄭據司服巾車諸職，以爲周代朝祀戎獵，各以其事，不以四時爲異。然《司服職》云："祀昊天上帝，則服大裘而冕，祀五帝亦如之。"如執斯說，則夏祀赤帝，季夏祀黃帝，亦當盛暑被裘矣。古禮闕佚者多，《周官》之文，容有詳略，不能盡賅一代之變。《宗伯職》云："以玉作六器，以禮天地四方，以蒼璧禮天，以黃琮禮地，以青圭禮東方，以赤璋禮南方，以白琥禮西方，以玄璜禮北方，皆有牲幣，各放其器之色。"夫器與牲幣既各依方色，安在車服之不可逐時而異也？《管子・幼官篇》云："君服黃色，味甘味，聽宮聲，治和氣，用五數，飲於黃后之井。以上中央。君服青色，味酸味，聽角聲，治燥氣，用八數，飲於青后之井。以上東方。君服赤色，味苦味，聽羽聲，治陽氣，用七數，飲於赤后之井。以上南方。君服白色，味辛味，聽商聲，治濕氣，用九數，飲於白后之井。以上西方。君服黑色，味鹹味，聽徵聲，治陰氣，用六數，飲於黑后之井。"以上北方。《輕重己篇》云："以冬日至始數四十六日，冬盡而春始，天子東出其國四十六里而壇，服青而絻青。以上春。以春至日始數四十六日，春盡而夏始，天子服黃而靜處。以上夏。以夏日至始數九十二日，謂之秋至，天子西出其國百三十八里而壇，服白而絻白。以上秋。以秋日至始數九十二日，天子北出九十二里而壇，服黑而絻黑。"以上冬。此則古禮隨五方四時異其服免之明驗也。孫伯淵以爲迎氣而服應四方色，不過一日服之以應氣，非終其一季。《管子》雖非仲所自作，而韓子《難三篇》兩引其文，皆與今本合，韓子引《管子》見其可説之有證云云，見今本《權修篇》，引《管子》言於室，滿於室，言於堂，滿於堂，見今本《牧民篇》。非略與不韋同時，則《管子》之書，出於不韋之前，爲周人所作可知矣。鄭君又據《周禮》鼈人龜人之文，謂取龜在秋，釁龜在春，與《月令》之夏取冬釁乖異。夫古之立制，或舉其始，或限其終，或一事而歲婁行，載筆者不能賅徧，事之常也。如執鼈人秋獻龜魚之文，謂季夏登龜非周制，則"漁人職"云："春獻王鮪"，王鮪獨非魚乎？獻不以秋而以春，雖同在《周禮》，亦可云非周制矣。且此所言者，王之命也，命發於前，行見於後，夫何所疑。王肅《月令》注云："周官獻龜於秋，於秋當獻，故於末夏而命，其言明且清矣。王説見《玉燭寶典》六。鄭君於龜人"上春釁龜"注云："是上春者，夏正建寅之月，《月令》孟冬云'釁詞龜策'相互矣。秦以十月建亥爲歲首，則《月令》秦世之書，亦或欲以歲首釁龜耳。"其説與《月令》注大同，或之云者，意必之詞也。使《月令》果出於不韋，而秦制果以歲首釁龜，則呂氏之紀，自當與《月令》同文，今考呂氏之書，乃作禱詞龜策，禱之與釁，文既各異，義亦迴殊，又何爲者耶？賈公彥龜人疏云："周與秦各二時釁龜策，《月令》孟冬釁，則周孟冬亦釁之，周以建寅上春釁，秦亦建寅上春釁之，故云相互也。"其言決非鄭意，然二時釁龜，理自可通，亦猶鼈人職言"獻魚以秋"，鱉人職言"獻鮪以春"，各舉端，互文相足也。苟知其以二時釁龜，又安得以爲周秦異制乎？鄭君又有據《祭統》駁《月令》者：

孟夏，還反行賞，封諸侯，慶賜遂行，無不欣説。注云："《祭統》曰：古者於禘也，發爵賜服，順陽義也；於嘗也，出田邑，發秋政，順陰義也。今此行賞可也，而封諸侯則違於古，封諸侯出土地之事，於時未可，似失之。"

孟夏，斷薄刑，決小罪。注云："《祭統》曰：草艾則墨，謂立秋後也。刑無輕於墨者，今以純陽之月斷刑決罪，與毋有墮壞自相違，似非。"

孟秋,毋以封諸侯,立大官,毋以割地。注:"古者於嘗出田邑,此其嘗,並秋而禁封諸侯割地,失其義。"

案《月令》《祭統》,同在《戴記》,記禮之家,各以所見爲守,而《戴記》之彼篇與此篇相逸者至衆,未可執此以議彼也。此文以《月令》是而《祭統》誤,俞蔭甫《鄭君駁正三禮考》。云:

愚嘗疑《祭統》之文有誤,當云:古者於禘也,發爵,賜服,出田邑,順陽義也。於嘗也,發秋政,順陰義也。故記曰:禘之日,發公室,示賞也。草艾則墨,未發秋政,則民弗敢草也。蓋賞當於夏,刑當於秋,發爵賜服出田邑,皆行賞之事,故以禘之日行之。發秋政,則行刑之事,故以嘗之日行之。下引記曰,禘之日,發公室,示賞也,證行賞於夏也。又曰:草艾則墨,未發秋政,則民弗敢草,證行罰於秋也。因禘之日,誤作嘗之日,則發公室示賞行於嘗之日矣。因將上文出田邑三字移至於嘗也之下,以合發公室示賞之義,而所謂順陽義順陰義者,胥失之矣,不特與《月令》不合而已也。鄭所據本已誤,乃不援《月令》以訂正《祭統》,反援《祭統》而辨駁《月令》,何與?

案王肅《聖證論》,據《左氏襄二十六年傳》"賞以春夏,刑以秋冬",以廢鄭而申《月令》,束皙論之曰:"《月令》所紀,非一王之制,凡稱古者,無遠近之限。未知夏封諸侯,何代之典?秋出田邑,夏乎殷乎?而王據《月令》以非《祭統》,鄭宗《祭統》而疑《月令》,無乃俱未通哉!"以上並見《通典》七十一。觀廣微之言,則自以爲通矣。夫賞以春夏,刑以秋冬,此自古之通義,豈隨時而變哉。《尚書大傳》"孟夏朔令云:爵有德,賞有功",《淮南·時則篇》同,實皆《王居明堂禮》文,說見後。《董子·五行順逆篇》云:"火者夏成長,任得其力,賞有功,封有德。"《治水五行篇》云:"至於立夏,舉賢良,封有德,賞有功。"《淮南·天文篇》云:"景風至則爵有位,賞有功。"《白虎通·八風篇》同,《白虎通》位作德,是。京房《易占》曰:"夏至離王,景風用事,人君當爵有德,封有功。"《易緯·通卦驗》云:"夏至拜大將,封有功。”以上諸文，惟立夏與夏至爲異，其以爲夏封諸侯無異也。其所以立夏夏至不同者，蓋封諸侯始於立夏，而以夏至爲其極則也。《白虎通·封公侯篇》云：“封諸侯以夏何？陽氣盛養，故封諸侯，盛養賢也。封立，人君陽德之盛者也。”下即引《月令》之文以證之。蓋自伏生以來，無不篤守斯義，至鄭君乃據《祭統》孤文以駁《月令》，得俞氏之說，而《祭統》之誤明《月令》之義彰矣。至孟夏斷刑決罪之文，俞氏亦解之同上。云：

愚謂記文亦無大違錯，下文云“出輕繫”，注云：“從寬”，此云“斷薄刑，決小罪”，即爲“出輕繫”。張本薄刑小罪，即是輕繫者，斷之決之，正所以出之也。於孟夏行之，未爲失宜。

案《舜典》稱“鞭作官刑，扑作教刑”，《皋陶謨》稱“撻以記之”，《周禮·閭胥》“凡事掌其比觵撻罰之事”，《司徒》“凡有罪者，撻戮而罰之”，小胥“撻其怠慢者”，條狼氏“誓大夫曰：敢不關，鞭五百，誓師曰三百”，蓋唐虞以來，至於周世，咸有鞭朴之刑也。朴亦官刑，說見《舜典》疏，互詳本書司徒搢朴下。墨於五刑爲最輕，視鞭朴則已重，鄭君謂刑無輕於墨者，蓋未之思也。此所云“斷薄刑決小罪”者，蓋罪未及墨，外加鞭朴而釋之者也。《後漢書·魯恭傳》曰：“夫斷薄刑者，謂其輕罪已正，不欲令久繫，故時斷之”，則斷之正所以恤之矣。若如鄭君之說，則人有小罪，必使離其父母妻子，待命官府，歷夏涉秋，乃始行刑。獄户之中，熱灼濕蒸，必有因而致死者矣，恤刑之謂何。下文所謂輕繫者，即《周禮·司寇》所謂“以嘉石平罷民，其下罪三日坐三月役者也。”三句平列，無所謂張本，俞氏未得其解。是鄭君之據《祭統》以駁《月令》者，皆非也。又有據左氏内外傳以駁《月令》者：

仲夏；大雩帝。注云：“《春秋》傳曰：龍見而雩，雩之正當以四月，凡周之秋三月之中而旱，亦脩雩禮以求雨，因著正雩此月，失之矣。”又云：“周冬及春夏雖旱，禮有禱無雩。”

仲秋，水始涸。注云：“此甫六月，雨氣未止，而云水竭，非也。《周語》曰：‘辰角見而雨畢，天根見而水涸’，又曰:'雨畢而除道,水涸而成梁,辰角見九月本也,天根見九月末也',《王居明堂禮》曰:'季秋除道致梁,以利農也。'"

鄭君謂秋三月之中而旱,亦脩雩禮者,以《春秋》書雩,皆在秋三月,《穀梁》不譏;成七年冬大雩,《穀梁》有譏文故也。詳孔疏。然二傳於七月八月之雩,皆不以爲非,獨《左氏》有龍見而雩之説,以秋大雩爲不時,與《穀梁》異説,鄭君溝通兩傳,因謂建巳之月爲正雩,周之六月,夏之四月。秋三月雖得脩雩禮,而非正雩,正雩之説,經傳無文。竊謂龍見而雩,爲古昔相傳舊説,與《月令》本不相背,自夏正四月至七月,皆爲恤民勤雨之時,龍見而雩者,舉其始,仲夏大雩帝者,舉其中,互相足也。《春秋》書秋大雩者二十事,豈盡不時耶?鄭君雖引《左氏》龍見而雩之文,亦謂秋三月得脩雩禮,是秋雩不時之説,匪特説二傳者所不取,即鄭君亦不從也。潁子嚴説"《左氏》以龍見爲五月,強改天象以就《月令》,顯與傳文相背。"杜氏《釋例》引。是秋雩不時之説,雖左氏先師亦不盡從也。此猶《左氏》稱啟蟄而郊,桓五年襄廿年並同。《郊特牲》稱周之始郊日以至,啟蟄在夏之正月,日至則夏之仲冬,兩文不同,説者以爲周、魯異禮,遂成聚訟。鄭以《郊特牲》爲魯禮,而記文明著周字,其不可通明矣。此所以來王肅"苟其不愚,不得亂於周魯"之譏也。而《郊特牲》不僅言周之郊,而曰周之始郊,始者,有繼之詞也,有繼者,非卜郊改日之謂也。改日則本非再郊,不得有始郊。日至始郊,啟蟄復郊也,記文以二郊相近,日至在前,故以日至爲始郊。傳文就一歲之始言之,故以爲啟蟄而始郊,言各有當也。誠知其爲二郊,何周魯之紛紛爲。二郊説詳《郊特牲》疏引《聖證論》。始之一字,鄭君所忽,亦猶《月令》言仲秋水始涸,《周語》言天根見而水涸,則在季秋,鄭君以《月令》爲誤,不知《月令》所言者始涸,《周語》所言者大涸,故韋解云:"《月令》:仲秋,水始涸。天根見,乃盡竭也。"俞氏《鄭君駁正三禮考》説同,特不知韋解已如此矣。鄭君又有據緯書以駁《月令》者:

仲夏,止聲色,毋或進。注云:"聲謂樂也,易及樂《春秋說》：夏至，人主與群臣從八能之士，作樂五日，令止之，非其道也。"

仲冬，去聲色。注云："聲謂樂也，易及樂《春秋說》云：冬至，人主與群臣從八能之士，作樂五日。此言去聲色，又相違。"

《孔疏》既引諸緯之文以釋之，《續漢・禮儀志》所載尤詳。且曰："必知緯文作樂爲是者，以《周禮・大司樂》冬至祭天圜丘，夏至祭地方澤，皆有作樂之文，不得云止樂，故知《月令》非也。"夫禮樂不可斯須去身，大夫無故不撤縣，士無故不撤琴瑟，況人君乎？特鄭、孔所言者，禮樂並言之樂；《月令》所言者，聲色並言之聲。故孫伯淵云："細繹經文所云聲色，謂非禮之聲色，不得以作樂當之。"見《〈王制〉〈月令〉非秦漢人所撰辨》。世豈有以郊祀之樂，與聲色爲類者乎？仲夏"止聲色"之下，即繼之以"薄滋味，節嗜欲"，仲冬"去聲色"之下，即繼之以"禁嗜欲"，則所止、所去者爲何如之聲可知矣。況此文皆承君子齋戒之下，又豈有齋戒而可邇聲色者乎？鄭、孔之說，非其理也。他如官名之異，則仲冬：

命奄尹，注："奄尹，主領奄豎之官也，於周則爲內宰。"

命大酋，注："大酋者，酒官之長也，於周則爲酒人。"

周代官名，多與《周禮》乖異，前已言之，如以奄尹、大酋爲秦官，徧考書傳，亦無以證其然也，鄭君之駁《月令》，見於《周禮》注者，自前引"龜人"注外，有如大司馬職中冬教大閱，注云：

《月令》，季秋，天子教於田獵，以習五戎。司徒搢扑，北面以誓之。此大閱禮，實正歲之中冬，而說季秋之政，於周爲中冬，爲《月令》者失之矣。

孔氏疏《月令》，以爲"已非於彼，故不復重言於此。"案鄭注《月令》，以司馬中秋教治兵說之，其義尤切。是鄭君兩注異說，非不復重言也。是則《周禮》注之誤，《月令》注已自正之矣。夫《月令》之文一也，鄭君則云："官名時事，多不合周法"，蔡氏則云："官號職司，與《周官》合。”是何也？鄭君惟先有吕氏作《月令》之見横於胸中，遂力求其所以與《周禮》異；蔡氏惟先有周公作《月令》之見横於胸中，遂力求其所以與《周禮》同；力求其異，遂並其同者而異之；力求其同，遂並其異者而同之：皆通人之弊也。承學之士，束於鄭、蔡之論，既不甘自儕於鄭君所譏之俗人，亦不欲自居於蔡氏所斥之偏見，遂多操兩可之説。《隋書·牛弘傳》載弘《修立明堂議》曰：

> 今《明堂月令》者：鄭玄云是吕不韋著《春秋十二紀》之首章，禮家鈔合爲記；蔡邕、王肅云周公所作，《周書》内有《月令》第五十三，即此也；各有證明，文多不載。束晳以爲夏時之書；劉瓛云不韋鳩集儒者，尋於聖王月令之事而記之，不韋安能獨爲此記；今案不得全稱《周書》，亦未可即爲秦典，其内雜有虞、夏、殷、周之法，皆聖王仁恕之政也。

廣微貞簡，既皆景響之談，里仁所陳，亦屬依違之論，然有可得言者，則里仁所謂不得全稱《周書》是也。《周書·月令》，《崇文總目》著其單行之本，似北宋猶存，實則其書隋代已亡，故與里仁並世之杜臺卿及唐初經儒孔穎達、賈公彦之倫，俱未之見也。説見後。邢叔明宋初名儒，其疏《論語》亦以爲亡。《崇文總目》所載，或出僞撰，或後人以《戴記》之《月令》别行，被以《周書》之目，邢氏所不信。使其書隋代尚存，而里仁果見之，同則曰同，異則曰異，惡有所謂不得全稱者乎？《周書》著於《漢志》，而稱述者少，蓋藏於祕府，不爲民間所傳習，賈逵、馬融，並東京大儒，《逵傳》云：“拜爲郎中，與班固並校祕書”，《融傳》云：“拜爲校書郎中，詣東觀，典校祕書。”又見章懷注引謝承、司馬彪書。故二君於《周書·月令》，特得見之。融注《論語》云：“《周書·月令》有更火之文”，尤親見《周書·月令》之明證。使《戴記》之《月令》，非《周書》之《月令》，安得據以爲周公所作乎？蔡氏與賈、馬時代相接，本傳亦云：“詔拜郎中，校書東觀。”馬融所見，蔡氏固亦見之。蔡氏據《戴記·月令》以作《章句》,其釋《月令》篇名,謂"《周書》七十一篇,而《月令》第五十三,呂不韋取以爲紀號,淮南王安取以爲第四篇",則《戴記》《呂覽》《淮南》同用《周書》之《月令》,言之鑿鑿,尚何疑哉?鄭君雖命世大賢,然未嘗一日立於朝,目不覩中祕之書,不得見《周書》之《月令》以證其同異,故雖斥《月令》爲秦制,僅據他書以駁周公之說,未嘗以不合《周書》之《月令》爲言也。其《緇衣》注,不知《祭公顧命》出於《周書》,因記禮者誤爲葉公,遂以楚之沈諸梁當之,說見《困學紀聞》五。此尤鄭君不見《周書》之明驗也。近世盧召弓校刻《周書》,據《戴記》以補《月令》,孫淵如作《王制月令非秦漢人所撰辨》,俱右蔡氏,而義據殊淺。孫說見《平津館文稿》。孫氏曰:

> 《月令》見於《周書》,而《呂氏春秋》《淮南子》俱取其文,如《禮經》中有《樂記》,又見於荀卿馬遷之書,不足爲異。言是周人所作,不獨後漢蔡邕言之,前此魯恭上書云云,是蔡邕之說,本於魯恭,惟《史記集解》引馬融云,"《周書·月令》,有更火之文云云",則是《周書·月令》之文,與《禮記》亦不同。或取以補《周書》之闕,固由臆斷。若竟疑《月令》爲秦人所作,則雖鄭氏言,未可盡從。爲有魯恭之說在前,漢法疑經則治以非聖無法之罪,安得治以漢法,使經學大明於世!

俞理初著《月令非周書論》以辨之,見《癸巳類稿》。且曰:

> 《月令》非《月令解》,《周書》解字,孔、晁所加,猶《淮南》訓字高誘所加也,理初似誤以爲本文。經自有文,呂不韋、魯恭、蔡邕不是聖人,可以非之。

案孫主蔡而非鄭,俞主鄭而非蔡,皆不得蔡、鄭異說之故,《月令》之是否出於《周書》爲一事,《月令》是否作於周公又爲一事。《周書》者,孔子所刪百篇之餘,孔子既爲《尚書》作序,不得於刪棄之餘,更爲之序也。朱亮甫《周書校釋》。云:

> 周末史官依放百篇書敘爲之,觀劉向、班固言《周書》七十一篇,通序爲數,知作序者,在向、固之先。

其說是也。作敘者以《月令》爲周公所作者,特以其有《明堂月令》之目,《孝經》言周公宗祀文王於明堂,《禮記》言周公朝諸侯於明堂之位,而《明堂位》與《月令》,復同在《明堂陰陽》之記,《鄭目錄》引《別錄》。故爲此說耳。觀其所敘他篇,或與本文不盡相應,說見《校釋》。非書敘之倫也。百篇之敘,史公明著其出於孔氏,後之學者,猶或疑之,《周書》之敘,既無主名,其所說,復無塙據,使《月令》果出於周公,則孔子方祖述之不暇,無緣刪之矣。《月令》雖出於《周書》,而不必作於周公,則毁《月令》不得爲非聖;《周書》爲孔子所刪棄,則議《周書》不得爲疑經。魯恭言《月令》周世所造,不云周公所造,可以爲《月令》出於《周書》之證,不可以爲作於周公之證。且恭雖生於鄭君之前,猶遠在作敘者之後,獨不質言周公,其詳慎愈於賈、馬。孫氏不知蔡氏本於《周書》之敘,與賈、馬之論,而以爲本於魯恭,遽據恭說,科人以非聖無法之罪,非其理也。馬融《論語》注引《周書·月令》,見何晏《集解》,《史記集解》即從之轉引,孫氏亦失其出處,更火之文說見後。俞氏之論,多有義據,蓋非難《月令》者,自鄭君後,莫與京矣,其持論最堅者二事,一則以《周書·月令篇》勘《月令》,其說云:

《逸周書·月令解》云:"惟一月,既南至,日月俱起於牽牛之初,是謂日月權輿。"此《月令》則云:"孟春之月,日在營室,昏參中,旦尾中,乃命太史守典奉法。司天日月星辰之行,宿離不貸,以初爲常。"《周月解》云:"既南至,日月右迴而行,月周天進一次,與日合宿,日行月一次而周天,歷舍於十有二次;終則復始。"此《月令》則云:"季冬日在婺女昏婁中,旦氐中,日窮於次,月窮於紀,星迴於天,數將幾終,歲且更始。"其斷天行始終,《周月解》起牽牛,故周人以斗牛爲星紀,爲十二次之始;此《月令》季冬星迴於天,則起營室,室壁爲天門,爲十二次之始,相去四十五六度,豈得以此《月令》當《周月令》。

又云:

顓頊虞夏用寅，以立春起算，秦正朔用亥，而置算從之；唐殷正朔用丑，以冬至起算，周魯正朔用子，而置算從之；《月令解》與《周月解》用唐殷法，此《月令》用顓頊虞夏法，至明也。周同唐起冬至，秦同顓頊起立春，《月令》於孟春言星辰之初，於季冬言日月星辰數將幾終，豈得謂即《周書·月令解》，使與《周月解》相謬。

案《漢書·律曆志》云："古曆遭戰國及秦而亡，漢存六曆，雖詳於五紀之論，皆秦漢之際，假託爲之。"則六曆置算，本不足據。姑如俞氏之說，以爲可信，而所謂天正人正，特其曆元之異，置算之術不殊，冬至定則立春可推，立春定則冬至可數也。王伯申從鄭說以《月令》爲秦制，則謂秦人歲有二首。俞理初謂《月令》非周制，則必欲使周人歲惟一首，各務鍛煉周內而已。合而觀之，則二首之説是，而施以駁《月令》則非耳。《周禮》一書，凡言正歲者，皆夏之正月，凡言正月者，皆周之正月，此固鄭君之說，至當不易者也。謂之正歲，著於政典，而無其置算之法，可乎？是故秦人之歲有二首不可必，而周人之歲有二首可必也。《七月》爲周公陳王業之詩，以夏正爲主，而於周正則後文言一之日、二之日，亦歲有二首故也。歲有二首，則治曆明時者，必各明著其置算之法，又可知也。俞氏據《周月篇》以駁《月令》，斷章取義，而不觀其全文，可乎？《周月篇》云："春三月中氣：驚蟄、春分、清明。夏三月中氣：小滿、夏至、大暑。秋三月中氣：處暑、秋分、霜降。冬三月中氣：小雪、冬至、大寒。"用周正以記事者，《春秋》則然。《春秋》之所謂春三月者，建子建丑建寅之月也，其中氣安有所謂春分、清明者乎？他月準此。《周月篇》又云："夏數得天，百王所同。亦越我周王，致伐於商，改正異械，以垂三統。至於敬授民時，巡守祭享，猶自夏焉。"《月令》者，敬授民時之書也，其用夏正，又何足怪乎？是則《周月》之篇，不足以明《月令》之異於《周書》，反足以明《月令》之合於《周書》矣。《周書·周月篇》云："惟一月，既南至，日月俱起於牽牛之初。"此自周末之曆得諸實測者也。《三統術》亦以冬至起牽牛爲言，則拘牽古法，與實測乖異。漢元和四分曆冬至在斗二十一度,立春在危十度,與《周月篇》相較,凡差六度,以歲差計之,約四百餘年,則《周月》之作當在顯王之世,前於不韋相秦之日約百年。冬至在牽牛初度,則立春在危十六度,《月令》疏引《三統術》如此,《管子·輕重己》云:"以冬日至始數四十六日,冬盡而春始",《淮南·天文》篇亦云:"距冬至四十六日而立春",故相去凡四十六度。《月令》云:"孟春之月,日在營室",謂立春也。知日在營室謂立春者,以大正曆法以立春起算也,如謂舉一月言之,則《月令》三十日,其季秋日躔,不當舉五度之房星,仲秋旦中,不當舉二度之觜星矣。營室凡十六度,即以初度計之,已逾二度,以歲差計之,則《月令》之作,前於《周月》之篇,約百四十年。此依古術計之,若後世曆術,牛女虛危諸宿之曆,皆滅於古,不可以律古書也。其所紀昏旦中星,雜稱弧建,仲春昏弧中,旦建星中,孟秋昏建星中。則其時二十八宿之名,猶未定也。《周禮·春官》"馮相氏掌二十有八星之位","硩蔟氏以方書二十有八星之號",《月令》紀中星,不全用二十八宿,疑其作尚在《周禮》之前。其著於《周書》,更無足怪矣。漢人不知歲差,故劉歆《三統曆》,牽合《春秋》。蔡伯喈以四分術說《月令》,亦猶是也。惟四分術,實由當時測驗,傅以古法,故《月令章句》所載日躔,皆東漢天象如此,與《月令》實相乖剌。成蓉鏡作《月令日躔議》,謂"《月令》立春日當在危十度,顯與經文相背",孔廣牧作《禮記天象釋》,復依其例,以推昏旦中星,或以月節言之,或以月中言之,漫無一定,皆由誤以《三統曆》爲合於《春秋》,四分曆爲合於《月令》也。《周書》於《周月》之次,繼以《時訓》,其所載二十四氣,始於立春,終於大寒,其所載七十二候,始於東風解凍,終於水澤腹堅,與《月令》若合符節。《月令》不出於《周書》,則《時訓》又何以載於《周書》乎?俞氏讀《周月篇》,舉其前而忘其後,於《時訓》則未嘗一顧,何立論之舛也!又其一則,以前人所引《周書·月令》勘《戴記·月令》,其說云:

> 馬融注《周書·月令》云:"春取榆柳之火,夏取棗杏之火,夏季取桑柘之火,秋取柞楢之火,冬取槐檀之火。"其書馬融尚見之,依此《月令》,即當分爲五處。又此《月令》有中央土,而《月令解》以土王四季名夏季,與《素問》名長夏同,知無中央土名。又《召誥正義》引《周書·月令》云:"三日粤朏。即班志之古文月采,班固及見之",此

《月令》無處著之。

此又讀《論語注》而不得其解者也。其說不始於俞氏，自杜臺卿已然，其言云：“蔡邕以爲《月令》自周時典籍，《周書》有《月令》第五十三，案《周書》序，周公制十二月布政之法作《月令》，自《周書・月令》耳。且《論語注》云，《周書・月令》有更火之文，今《月令》聊無此語，明當是異。”見《玉燭寶典》。俞氏之言，闇與之會，孫詒穀亦同此說。見《讀書脞錄》。淵如雖右蔡氏，竟無以解之。今案《論語》“鑽燧改火”，《集解》引馬融曰：

> 《周書・月令》，有更火之文，春取榆柳之火，夏取棗杏之火，季夏取桑柘之火，秋取柞楢之火，冬取槐檀之火。

《周書・月令》有更火之文，乃略舉之詞，與下文“春取榆柳之火”諸語，非出一書；否則“更火之文”四字爲贅語矣。季長既以《周書・月令》有更火之文，證《論語》之改火，又引《鄒子書》四時及季夏取火於木之文，以廣其義。不云鄒子者，古人簡質，不盡注所出耳。《周禮・司爟》先鄭注引此五句作《鄒子》，不云《周書》也。賈疏云：“《鄒子書》出於《周書》”，特牽合兩注耳，非真見《周書・月令》也。然則所謂《周書》有更火之文者何也？曰，《月令》爲周代政典，載於《周書》，記禮者取以爲記，在《漢志》，《明堂陰陽》三十三篇中，《小戴記》又由《明堂陰陽》之古記，轉錄其文，故《月令》於《別錄》屬《明堂陰陽》也。孔疏引《鄭目錄》。《呂覽》《淮南》，並取《周書》，與《禮記》之《月令》，同出一源。凡一文而數家並傳者，其取舍詳略，不能無異，傳錄既久，文句亦殊。故大、小戴同載《投壺》之篇，而《大戴》不取魯薛鼙鞈之節，《小戴》不傳凡雅可歌之數，即其例也。此例甚多，不煩羅舉。《戴記》《呂覽》《淮南》，同取《周書》之《月令》，而詳略取舍不同，《呂覽》與《戴記》最近，然《呂覽》季春孟夏有云：“行之是令，甘雨至三旬”，季夏有云：“行之是令，是月甘雨三至，三旬二日”，孟秋有云：“行之是令，而涼風至，三旬”，仲秋有云：“行之是令，白露降，三旬”，季冬有云：“行之是令，此謂一終，三旬二日”，其文皆《戴記》所無。而《淮南・時則》他文與二家多異者，於此乃反有之。《淮南》季春孟秋皆有此數語。《淮南》之視二家,其文每略,而亦多出二家之外,皆由同用《周書》,而去取不同之故也。季長所謂"《周書·月令》有更火之文"者,其本文則《淮南·時則篇》云:

孟春爨其燧火,仲春季春同。

孟夏爨柘燧火,仲夏季夏同,夏秋皆言柘,必有一誤。

孟秋爨柘燧火,仲秋季秋同。

孟冬爨松燧火,仲冬季冬同。

即季長所謂《周書》更火之文也。以《淮南》有更火之文,知其出於《周書》之《月令》;以《戴記》《呂覽》之文略同《淮南》,知其亦皆同出於《周書》之《月令》;以出於《周書·月令》之《淮南·時則》所云更火,非春取榆柳諸語,而先鄭注《司爟》引諸語,乃出《鄒子》,知季長之語,乃融會兩文。俞氏未得其解。今得其條貫,反覆相證,而無不合。然後知蔡氏所謂"《周書》《月令》第五十三,呂不韋取以爲紀,淮南王取以爲第四篇"者非虛,而《戴記·月令》之果出《周書》,決矣。(《管子·幼官篇》云:以倮獸之火爨,中央。以羽獸之火爨,東方。以毛獸之火爨,南方。以介獸之火爨,西方。以鱗獸之火爨,北方。亦言更火,而與《周書》《鄒子》純以木言者異。)《論語注》之季夏,俞氏獨依誤本作夏季,以強傅《素問》,更無足辨。若《召誥正義》引《周書·月令》三日粵朏,即用《漢書·律曆志》之文,非真見《周書·月令》而引其文也。《漢志》作古文,月采,顏注:"說月之光采",使孔氏果見《周書》而引之,則顏、孔並世,同爲經儒,名相若,位相亞,孔之所見,顏亦宜見之;顏氏不引《周書》爲證,以明采之爲令,而以爲說月光采何耶?孔氏疏《月令》,不一引《周書》以明同異,知其不見《周書》之《月令》,而此所引,正出《漢志》,其以古文月采爲《周書·月令》者,妄意室中之藏耳。《月令》之文易曉,月采之義難知,改難就易,常情所同。故王伯厚反欲以《孔疏》改《漢志》,《困學紀聞》二。而不知其誤;俞氏襲王氏之說,遂以爲真出《周書》之《月令》,朱亮甫輯《周書》佚文,亦據《孔疏》錄入,皆大謬也。俞氏又云:

> 魯恭徒見月令之名，與《周書》篇名合，因言周世所造，所據夏之時也。周公制《周禮》，三代異制，豈得據夏正爲令。

周之兼用夏正，前已言之。馬融曾見《周書·月令》，引以注《論語》，魯恭年先於馬，又當世名儒，位望通顯，以經明與於白虎之議，非不見《周書》者。時《周書》之《月令》尚存，魯恭竟不一檢，徒以篇名偶合，妄相牽引，至乃形之奏牘，不畏譏笑，此事理所必無也。俞氏又云：

> 今檢《月令問答》，則云"予幼讀《記》，以爲《月令》體大經同，不宜與雜錄並行。而《記》家記之又略，前儒章句，不知徵驗諸經，《周官》《禮記》實與《左傳》通等。"是邕止據《記》作論，求其作論之由，則記書《月令》文義所說，博衍深遠，宜周公所著，是邕忽然意思如此，不根之談，不足信用也。

夫中郎所云"予幼讀《記》"云者，追溯初讀《禮記》時，即重《月令》之文，非畢生不見他書也。"《記》家記之又略"者，《周書·月令》，其文較繁，今可考者，有上所舉更火之文外，凡《淮南·時則篇》敘十二月之令，有出《戴記》《呂紀》外者，皆可決其爲《周書·月令》之文。又如朱輯佚文，載《通典》《御覽》所引"春牲陣弓爲前行"云云，《初學記》《御覽》所引"夏食鬱律"云云，疑亦此篇之文。《記》者多所刊落，故云略也。非得《周書·月令》而校之，何由知其略乎？《月令》作於周公之說，遠則本於《周書》之敘，近則取於賈、馬之論，何謂不根？特以文無墒據，故推贊其"博衍深遠"，以爲信出周公，非"忽然如此"也！宜之云者，誠爲意測之辭，然蔡氏云"宜爲周公所作"，不云宜在《周書》，豈得遂謂蔡氏不見《周書·月令》也。俞氏所說略同鄭、孔者今不復辨。劉君申叔知俞說之不可通，作《明堂月令即周書月令解說》，以爲調停之論，謂：

> 《月令》有三：即周月令、秦月令、漢月令是也。周之《月令》，即《周書·月令解》。秦之《月令》，即《呂氏春

秋》十二紀,及《淮南·時則訓》。漢之《月令》,即《小戴記》鄭注所引《今月令》。

是又強爲分析而失其理者也。《月令》本爲政典,代有損益,其著於《周書》者,雖不必作自周公,要爲周室所頒之令,則賈生所謂天子之言曰令也。《管子》之書有《時令篇》,度亦仲所施於齊國者,則賈生所謂諸侯之言曰令也。劉歆言陰陽家者流,出於古羲和之官。司馬談之《論六家要指》也,李奇解之曰:"陰陽之術,月令星官,是其枝葉。"張晏亦曰:"各有禁令,謂月令也。"並見《漢書·司馬遷傳》注。是《月令》之書,官有世守,至漢猶有月令師,隸於司隸校尉,見《續漢書·百官志》。周末失官,則陰陽家傳之,記禮者得據以移録,其在《明堂陰陽》及戴氏之記,不改《周書》之本名,有由也。若吕不韋、淮南王安之流,招致賓客,造爲私書,本非政典,何令之爲。故吕氏之書名《月紀》而不名《月令》,《淮南》之書名《時則》而不名《月令》,以天子當陽,不敢以私書居政典之名也。秦之有無月令不可知,而吕氏之《紀》不得曰秦之月令,淮南之書雖同取於《周書》,而決非取之於《吕紀》,故其文句特多差異,更不可以爲秦之月令也。至鄭注所引《今月令》,前儒特多異説,兹略舉之:

《月令》,孟春鴻雁來,疏云:"《今月令》鴻皆爲候者,但《月令》出有先後,入《禮記》者爲古,不入《禮記》者爲今,則《吕氏春秋》是也。"

《潛研堂答問》云:"《漢·藝文志》有《明堂陰陽》二十三篇,在《記》百三十一篇之外,此《禮記》四十九篇,小戴所傳,劉向所録,鄭君據以爲注,其别出於《明堂陰陽》者,則謂之《今月令》矣。《説文》引《明堂月令》,如霥雨、歲將僟終之類,蓋即鄭所謂《今月令》,雖同出於《吕氏》,而文不無互異也。"

《經義知新記》云:"《月令》鄭注屢云,《今月令》作某,王懷祖云:世以《今月令》爲《淮南·時則訓》非也,漢世有《明堂月令》,蔡伯喈所撰也。中按《祭法》注引《明堂月令》曰,春曰其帝太皞,其神句芒;夏曰其帝炎帝,其神祝融;中央土曰其帝黄帝,其神后土;秋曰其帝少昊,其神蓐收;冬曰其帝顓頊,其神元冥;其文與《禮記》同,然則《今月令》之爲《明堂月令》,此其證也。"

《瞥記》云:"孔穎達説《月令》出有先後,入《禮記》者爲古,不入《禮記》者爲今。據鄭《目錄》,則《禮記·月令》,即抄合《吕氏春秋》十二月紀之首章,並無先後古今之分,仲遠之言,殊無所據。又鄭與高誘同時,所見《吕覽》,亦不應異同若是。竊疑所謂《今月令》者,乃漢時太史所上月曆,非《吕覽》也。"

《鑑止水齋集·〈月令〉説》云:"鄭注中引《今月令》凡十七條,以今《吕覽》校之,十七條皆不合,則《今月令》非指《吕覽》,明甚。案漢時自有所行月令,《元帝紀》詔百官毋犯四時之禁,《成帝紀》詔曰,其務順四時月令,《李尋傳》云,今朝廷忽於時月之令,此皆西漢所行月令也。《後漢書·侯霸傳》云,每春下寬大之詔,奉四時之令,皆霸所建,《章帝紀》,元和二年十一月日南至,初閉關梁,章和元年秋令是月養衰老,授几杖,行糜粥飲食,此東漢月令之班班可考者也。他如夏至案薄刑,見於《和帝紀》,仲春養幼小,存諸孤,季春賜貧窮,振乏絕,省婦使,表貞女,見於《安帝紀》,皆與《禮·月令》相出入。然則康成所謂《今月令》者,其指當時所行之月令無疑。"

上所臚陳,則《今月令》有《吕覽》《淮南》《明堂月令》、太史月曆,及兩漢所行月令諸説。考鄭注所引《今月令》,十有八條,梁氏《瞥記》、許周生《月令説》俱云十七條,誤也。梁許皆取以證異同,而其説不瞭,今具列之,以與《吕覽》《淮南》相校:

一事:孟春,鴻雁來,注:"《今月令》鴻皆爲候。"《吕覽》《淮南》皆作候雁北。

二事:季春,田獵,罝罘羅罔畢翳,注:"《今月令》無罘，翳爲弋。”《吕覽》《淮南》作田獵畢弋置罘羅網。

三事：季春，毋悖於時，無或作爲淫巧，以蕩上心，注："《今月令》無於時，作爲爲詐僞。”《吕覽》爲作僞，《戴禮通解》引不誤，《淮南》無此文，案《今月令》無於時句終，梁氏《瞥記》失其句讀。

四事：季春，淫雨蚤降，注："《今月令》曰衆雨。”《吕覽》《淮南》並作淫雨早降。

五事：孟夏，王瓜生，注："《今月令》云王萯生。”《吕覽》作王菩生，高注菩或作瓜，瓠瓜也。《淮南》作王瓜生，高注云，王瓜括樓也。

六事：孟夏，毋休於都，注："《今月令》休爲伏。”《吕覽》作伏，《淮南》無此文。

七事：仲夏，身毋躁，注："《今月令》毋躁爲欲静。”《吕覽》作欲静，今本有無躁二字者，後人依《戴記》旁注，誤入正文耳。《淮南》仍作無躁。

八事：仲夏，事毋刑，注："《今月令》刑爲徑。”《吕覽》《淮南》並作徑，今本《吕覽》作刑者，後人依《戴記》改之，説見王氏《雜志》，梁氏《瞥記》謂吕仍作刑，非是。

九事：季夏，命漁師，注："《今月令》漁師爲榜人。”《吕覽》作漁師，《淮南》作漁人。

十事：季夏，命四監，注："《今月令》四爲田。”《吕覽》作令四監大夫，《淮南》作命四監大夫。

十一事：孟秋，民多瘧疾，注："《今月令》瘧疾爲疾疫。”《吕覽》《淮南》並作瘧疾。

十二事：季秋，執弓挾矢以獵，注："《今月令》獵爲射。”《吕覽》作執弓操矢以射，《淮南》作執弓操矢以獵。

十三事：乘玄路，注："《今月令》曰乘軫路。”《吕覽》作乘玄略，《淮南》無此文。

十四事：孟冬，命太史釁龜筴占兆，注："《今月令》曰釁祠，祠衍字。”《吕覽》作命太卜禱祠龜策占兆，《淮南》作命太祝禱祀神位占龜策。

十五事：孟冬，固封疆，注："《今月令》疆或爲璽。"《呂覽》《淮南》並作璽。

十六事：仲冬，淵澤井泉，注："《今月令》淵爲深。"《呂覽》作淵，《淮南》無此文。

十七事：季冬，水澤腹堅，注："《今月令》無堅。"《呂覽》作水澤復堅，高注復或作複，畢校刪堅字，不足據。《淮南》無此文。

十八事：季冬，以供郊廟及百祀之薪燎，注："《今月令》無及百祀之薪燎。"《呂覽》《淮南》並有此六字。

《今月令》與《呂覽》合者十一事，鴻之爲侯，翳之爲弋，爲之爲僞，休之爲伏，毋躁之爲欲靜，刑之爲徑，獵之爲射，疆之爲璽，又《今月令》作爲爲詐僞，而《呂覽》作作僞，《今月令》王萯生，《呂覽》有王菩、王瓜二本，王菩即王萯，釁祠《呂》作禱祠，亦有祠字。此十一事中，亦不盡合，《今月令》無罘，而《呂覽》有罘，《今月令》作釁，而《呂覽》作禱是也。其他異文，非鄭所引者略之。與《淮南》合者四事，鴻之爲候，翳之爲弋，刑之爲徑，疆之爲璽。全句不見《淮南》者四事，毋伏於都，乘軫路，深澤井泉，水澤腹。則《今月令》之非《呂覽》《淮南》，無暇煩言矣。錢氏以《說文》所引《明堂月令》爲《今月令》，而鄭君言《今月令》曰衆雨，未嘗言《今月令》曰霥雨，且無《今月令》幾作僟之說，是以子之矛，陷子之盾，無以自解也。王懷祖亦以《明堂月令》爲《今月令》，汪所引王說以《明堂月令》爲蔡邕作，疑汪氏誤記，或刊本有誤，《大戴記・盛德篇》已引《明堂月令》，不得云蔡邕作也，王氏通學，決無此言。汪容甫以《祭法》注引《明堂月令》同於《戴記》證之，然此足以證《明堂月令》之同於《戴記》，不足以證其同於《今月令》。梁、許二說相近，惟月曆之說爲無據。許之引漢事爲證，最爲通識。然所引"閉關梁，養衰老"諸文，與《戴記》略同。此足以證明漢廷之用古月令，不足以明漢人之自有其月令。且鄭君"固封疆"注："《今月令》疆或爲璽"，或之云者，非一本之詞也。若漢人自有其《月令》，當爲官書，竄易一字，罪且殊死，何容有文字不同之別本乎？《章帝紀》："元和二年十一月壬辰，日南至，初閉關梁。"《和帝紀》："永元十五年，是歲，初令郡國以日北至，案薄刑。"初者，創始之詞也。漢果自有其《月令》,有西漢諸文可證。不當於章、和之世,乃初行之也。《魯恭傳》云:“舊制至立秋乃行薄刑,自永元十五年以來,改用孟夏。”蓋始依古《月令》改今制,非自改其月令也。然則所謂《今月令》者,即漢人所遵用之古《月令》,傳於禮家,布於郡國,其在司隸,有月令師,其在郡國或以他掾攝之,《崔駰傳》,篆乃強起班春,注,班布春令也。授時敷政,引以爲據,其言有行有不行,非如《漢律》《漢令》之一字不可更易,謂之今者,以其爲官所通行之本,非學校講習之籍故也。其殊於《小戴》者,乃或與《呂覽》《淮南》同,則其與《小戴》《呂覽》《淮南》同出於古《月令》,而非漢廷之自有其《月令》可知也。劉君又謂:

> 魯恭言,“《月令》周世所造,所據皆夏時”,此指《周月令》言,《月令解》雖不傳,然前儒所稱《明堂月令》,即《周月令》也,《史記·三王世家》索隱引《明堂月令》云:“季夏可以封諸侯,立大官也”,今此事於《小戴》屬孟秋。又《明堂月令》,或稱《王居明堂禮》,《小戴·月令篇》鄭注引《王居明堂禮》云:“孟冬之月,令農畢積聚,繫收牛馬”,今此事於《小戴》屬仲冬。蓋周以子月建正,秦以亥月建正,《呂氏春秋·序意篇》云:“維秦八年,歲在涒灘,秋甲子朔”,顧觀光以古曆推之,知用顓頊術,此呂書用秦正之證。周之六月,於秦爲七月,周之十月,於秦爲十一月,《周月令》雖用夏時,然頒佈政令,或從其所建之正,故與秦正差一月,此《明堂月令》即《周月令》之確徵也。

魯恭言《月令》周世所造,未嘗別白言之,蓋《月令》雖有《明堂陰陽》之記,及小戴諸人所錄,然莫非同出一源,故統謂之周世所造。若秦漢各有一《月令》,則恭言不可通矣。猶明清各有其會典,使清人奏疏稱引明之會典,不曰“明會典”,而僅曰“會典”,幾何不可以爲清室之會典乎?《月令》所以有“明堂”之稱者,蔡氏《月令篇名》云:

> 成法具備,各從時月,藏之明堂,所以示承祖考神明,

明不敢寫泄瀆之義，故以明堂冠月令以名其篇。

非特此也，明堂爲布令之地，月令則所布之令，其書又在《明堂陰陽》之記，故曰《明堂月令》也。蔡氏據《小戴・月令》以作章句，其釋篇名，仍謂之《明堂月令》。鄭君《祭法》注、高誘《淮南・原道篇》注、《風俗通・祀典篇》、韋昭《國語・周語》注，所引《明堂月令》，其文皆與《戴記》同，則《戴記》之《月令》，即《明堂月令》，不得歧而二之也。其字異者，乃禮家別本，如《說文》所引九條皆是，各詳本文疏證，此不具說。若據小司馬所引以爲《明堂月令》與《戴記・月令》異，則牛弘在小司馬之前，其《修立明堂議》曰："今《明堂月令》者，鄭玄云是呂不韋著《春秋十二紀》之首章"，見上。則鄭所斥爲秦制之月令，即《明堂月令》，非別有一《明堂月令》也。劉君所持爲確徵者，小司馬所引之《明堂月令》，及鄭所引之《王居明堂禮》，與《小戴》有一月之差耳。今考小司馬所引，則《三王世家》有"盛夏吉時，定皇子位"之言，《索隱》本欲引《月令》"孟夏封諸侯"以釋之，而記憶偶疏，誤牽孟秋之文，寫者又誤孟爲季耳。若以此爲一月之差，則《月令》孟秋云："毋以封諸侯，立大官"，小司馬所引，則曰："可以封諸侯，立大官"，可之與毋，其文相反，豈得並論乎？若以《禮記》毋字爲傳寫之誤，則鄭注已引《祭統》駁之，此鄭所見本已如此，若以《索隱》可字爲傳寫之誤，則小馬方引以證盛夏定位之義，不當引相反之文也。劉君云："此事於《小戴》屬孟秋"，蓋未之檢也。《後漢書・陳寵傳》引《月令》曰："孟冬之月，趣獄刑，無留罪"，今《戴記》在季秋。《戴記》先一月。又云："孟冬之月，身欲寧，事欲靜"，今《戴記》在仲冬。《戴記》後一月。蔡氏《月令問答》云："孟秋行冬令，則草木枯，後乃大水，敗其城郭"，今《戴記》在孟夏。《戴記》先三月。二君皆漢人，所引未嘗標明堂之目，所述他文，又皆與《戴記》同，而復有此參差者，匪舊有異本，即字由今誤，非獨劉君所舉《索隱》之文而已。其文或先或後，又將以爲何代之制乎？前人造述，記憶偶疏，事所恒有，本無足怪，鄭君漢代魁儒，其注《周禮・巴人》，誤以《曲禮》爲《檀弓》。《射人》，又誤以《射義》爲《樂記》。未有據其言以疑《檀弓》《樂記》者。不得偏據《索隱》誤文，以爲有周秦之異也。鄭君於仲秋“玄鳥歸”注引《夏小正》曰:“九月丹鳥羞白鳥”,今《夏小正》在八月,《孔疏》以爲鄭所見本異,實則九月亦八月之誤,故鄭君於仲秋引之,而不言其有異。若依劉君之例,則二文有一月之差,苟非同一夏時之書,又將以爲異代之制矣。至《王居明堂禮》所云:“孟冬之月,令農畢積聚,繫收牛馬”者,正與《月令》孟冬“循行積聚,無有不斂”相應,而仲冬之令復云:“農有不收藏積聚者,馬牛畜獸有放佚者,取之不詰”者,蓋前月已有積聚牧斂之令,至此月民猶有不遵者,乃令取之不詰,以儆逸惰,其義至明,非有一月之差也。王居明堂之禮,與《月令》本非一文,而劉君誤合之,又不考《戴記》孟冬之令,以證明其義,特因鄭君引於仲冬之月之注,遽以爲有一月之差,其誤甚矣。且《月令》仲春“九門磔攘,以畢春氣”注引《王居明堂禮》“季春出疫於郊,以攘春氣”,是《戴記》反先一月,以劉君之例推之,則《戴記》之《月令》爲周制,而《王居明堂禮》反爲秦制矣,其可通乎?劉君所云:“《周月令》雖用夏時,然頒佈政令,或從其所建之正”,或之云者,本無所據之詞也。是其立論之本柢,已出於臆斷,而所謂確徵者,乃至不確也。夫前人所引《明堂月令》,其文皆在《戴記》中,然亦有出《戴記》外者,《大戴記·盛德篇》曰:

> 《明堂月令》,赤綴户也,白綴牖也,二九四七五三六一八,堂高三丈,東西九仞,南北七筵,上圓下方,九室十二堂,室四户,户二牖,其宫方三百步,在近郊,近郊三十里。

此引《月令》,而冠以明堂者也。《鹽鐵論·論菑篇》曰:

> 《月令》曰,涼風至,殺氣動,蜻蛚鳴,衣裘成,天子行微刑,始貙蔞,以順天命。

《後漢書·章帝紀》,元和二年七月庚子詔曰:

> 《月令》,冬至有順,陽助生之文。

此引《月令》而不冠以明堂者也。其文皆不見於《戴記》,《漢書·魏相傳》,又數表采《易陰陽》及《明堂月令》奏之,其所陳惟五帝之名見《月令》，餘則《易陰陽》文，非《月令》之文也，所謂執規、執衡、執矩、執權、執繩云者，今見《淮南·天文篇》。宜若可爲別有一《月令》之證，而劉君又未能引據及之，竊謂《月令》之外，在《明堂陰陽》中者，尚三十餘篇，必有推說《明堂月令》之義者，前人引經說，皆直稱本經，則引《月令說》，亦可直曰《月令》，故此文爲《戴記》所不載。《大戴》所陳，尤與《月令》之文不類，蓋說《明堂月令》之義，而兼說明堂之制者也。何以明之，《五經異義》見《禮記·玉藻》《明堂位》正義。云：

> 《明堂月令書說》云："明堂高三丈，東西九仞，南北七筵，上圓下方，四堂十二室，室四户八牖，其宫方三百步，在近郊，近郊三十里。"

其文與《大戴》略同，而謂之"書說"，則爲解說《明堂月令》之文可知矣。蔡氏《明堂論》引：

> 《月令記》曰："明堂者，所以明天地，統萬物，明堂上通於天象日辰，故有十二宫，象日辰也。水環四周，言王者動作法天地，德廣及四海，方此水也。"

其文亦《月令》所無，所謂《月令記》者，亦"書說"之類，則《月令》有說有記，而《大戴》與和帝之詔諸引《月令》之文，不見《戴記》者，又可以此推之，而非必季長所引更火之類矣。然則《明堂月令》即《戴記》之《月令》，亦即《周書》之《月令》，《吕覽》《淮南》同出於《周書》之《月令》，而未嘗以"月令"名，漢人之月令，亦周人之月令，而非自有其月令，而劉君析而三之者，未得其理矣。至其所引，動相違牾，如謂"《明堂月令》，佚於隋代以前，故牛弘言未見"，而牛弘實以《戴記·月令》爲《明堂月令》，不云未見也。果如其說，則《明堂月令》亡於隋代，小司馬生於唐世，不當見之，而劉君乃據《索隱》所引以爲立論之根，抑又何耶？謂"劉逵《蜀都賦》引反乃執爵，稱爲《周月令》"，今檢《選》注，飲御酣，賓旅旋下。實無周字。其尤謬者，謂：

> 蔡言官號職司，與《周官》合，鄭言官名時事，多不合周法，蔡、鄭所據不同。蔡指《明堂月令》言，鄭指《小戴·

月令》言。惟蔡作《月令章句》及《問答》,仍以《秦月令》之文爲據。

若如所言,則當蔡時,有合周制及不合周制之二《月令》,蔡既明知《明堂月令》官號職司與《周官》合,而秦之《月令》,始與《周官》不合,乃舍其合者,而注不合者,使伯喈非中風狂走,何以至是。故劉君之說,實無以自立者也。劉君又謂"《王居明堂禮》爲《周書·月令》佚文",尤爲無據。篇以禮名,自當在《逸禮》三十九篇中,袁準《正論》云:

古有王居明堂之禮,《月令》則其敘也。

謂《月令》爲王居明堂布政之次第也,《王居明堂禮》,著其總綱,《月令》則詳其節目,其非一文可知。若如劉君說,以爲《周月令》,則鄭君於孟春"以迎春於東郊",注引《王居明堂禮》,明以爲殷禮,又相違矣。今考《月令》注引《王居明堂禮》九條:

出十五里迎歲。孟春以迎春於東郊注引。○《洪範·五行傳》云:"迎春於東堂,距邦八里。"

帶以弓韣,禮之禖下,其子必得天材。仲春於高禖之前注引。○末句疑鄭語。

季春出疫於郊,以攘春氣。仲春以舉春氣注引。○《洪範·五行傳》季春朔令同。

毋宿於國。孟夏無休於都注引。

仲秋九門磔攘,以發陳氣,禦止疾疫。仲秋以通秋氣注引。

仲秋命庶民畢入於室,曰:"時殺將至,毋罹其災。"仲秋可以築城郭注引。○《洪範·五行傳》仲秋朔令同。

季秋除道致梁,以利農也。仲秋水始涸注引。○《洪範·五行傳》季秋朔令同。

孟冬之月,明農畢積聚,繫收牛馬。仲冬取之不詰注引。○《洪範·五行傳》孟冬朔令同。

季冬命國爲酒,以合三族,君子說,小人樂。季冬大合吹而罷注引。○《洪範·五行傳》季冬朔令同。

《禮器》注引《王居明堂禮》一條：

仲秋乃命國醵。《洪範·五行傳》中秋朔令國作民。

《明堂月令論》引《王居明堂禮》一條：

王居明堂之禮，又别陰陽門，東南稱門，西北稱闈。

以上凡十一事，其合於《洪範·五行傳》者六事，知《洪範·五行傳》所言五方之極，及諸朔令，皆《王居明堂禮》文也。迎春有八里、五里之殊者，傳文兼采古迎禮，見《續漢志》注。《淮南·時則篇》采《周書·月令》，而篇末所謂五位者，又采《王居明堂禮》以續之，故其文與《洪範·五行傳》大同。《董子·五行順逆》《治水五行》二篇，亦多取諸此，可覆案也。其文與《月令》相應，而非即《月令》，凡前人所引《明堂月令》，與《戴記》有異字而無異句；若《王居明堂禮》，則有同義而無同句：其爲二書至明也。乃同以爲《周書》之《月令》，何耶？蔡氏稱"王居明堂之禮，又别陰陽門，東南稱門，西北稱闈"，此其文又豈《月令》所當有耶？自鄭君斥《月令》爲秦制，不惜目其師爲俗人，而《月令》之古義湮。蔡氏《章句》之作，義據弘深，自隋至宋，著於史志，卒至淪亡，斯《月令》之重不幸也。清代之輯錄《章句》佚文者，就予所見，有王謨、蔡雲、陸堯春、臧庸、馬國翰、黄奭、馬瑞辰、葉德輝，凡八家。蔡本最著，而多雜采他書以亂本文，蓋無足取。葉本最後出，以蔡、馬、黄三家書爲藍本，而取《玉燭寶典》所載附益之，自謂"後出之本，無加於此"，而其人粗略特甚，《玉燭寶典》出於傳寫，譌文滿紙，葉氏無所是正，猶可諉云存真。其中央章句，與季夏隔離，葉氏尋檢未周，全未錄入。又《寶典》第十一卷三四兩葉，黎刊倒其次序，使所引章句下文，中隔一葉，葉輯遂亦失之，不悟其文之未終也。予重檢諸書，正譌補闕，爲之疏證，黎刊《寶典》第九卷獨闕，日人尚有完本，島田彦楨《古文舊書考》曾著之，無從迻錄，以爲深恨。其《月令》之爲周爲秦，論者多家，非疏證所能詳者，别爲序錄一卷，將以規鄭説，申蔡義，暢盧、孫所未通，匡俞、劉之違闕，孰得孰失，蓋必有能辨之者。

《文津文庫》近期書目

1、哲學宗教

六十四卦經解　　（清）朱駿聲著；胡雙寶點校

2、歷史地理

現代中國名人外史　　坦蕩蕩齋主著
商周史料考證　　丁　山著
中國金石學講義　　陸和九著
漢魏兩晉南北朝史叢考　　余嘉錫著
西域考古記舉要·中國西部考古記
　　［法］郭魯柏、格魯塞、色迦蘭撰　馮承鈞譯
晏子春秋集釋（全2冊）（增訂本）
　　吳則虞編著　吳受琚　俞震校補

3、書目版本

國學要籍研讀法四種　　梁啓超著
士禮居藏書題跋記　　黃丕烈著
劫中得書記　　鄭振鐸著
書林清話　　葉德輝著
余嘉錫古籍論叢　　余嘉錫著
校讎學（外二種）　　向宗魯著　陳曉莉點校

4、文學藝術

中國版畫史略　　郭味蕖著
古小說鉤沉　　魯　迅著
古代小說叢考　　余嘉錫著